SISTEMAS INTEGRADOS DE GESTÃO

JADIR PERPÉTUO DOS SANTOS

SISTEMAS INTEGRADOS DE GESTÃO

BUSCA DE AGILIDADE E REDUÇÃO DE RISCOS EM SEUS PROCESSOS

Freitas Bastos Editora

Direitos exclusivos da edição e distribuição em língua portuguesa:

Maria Augusta Delgado Livraria, Distribuidora e Editora

Direção Editorial: *Isaac D. Abulafia*
Gerência Editorial: *Marisol Soto*
Diagramação e Capa: *Julianne P. Costa*
Revisão: *Sabrina Dias*

Dados Internacionais de Catalogação na Publicação (CIP) de acordo com ISBD

```
S237s    Santos, Jadir Perpétuo dos
            Sistemas Integrados de Gestão: Busca de Agilidade e
         Redução de Riscos em seus Processos / Jadir Perpétuo
         dos Santos. - Rio de Janeiro, RJ : Freitas Bastos,
         2024.
            200 p. : 15,5cm x 23cm.

            Inclui bibliografia.
            ISBN: 978-65-5675-383-6

            1. Administração. 2. Gestão. 3. Sistemas Integrados
         de Gestão. 4. Busca de Agilidade. 5. Redução de Ris-
         cos. 6. Processos. 7. Qualidade total. 8. TQM. 9. ISO
         9001. 10. ISO 14001. 11. ISO 45001. 12. ISO 31000. 13.
         Total Quality Management. 14. SIG. 15. ISO 19011. I.
         Título.
                                             CDD 658.401
2024-389                                     CDU 658.011.2
```

Elaborado por Vagner Rodolfo da Silva - CRB-8/9410
Índices para catálogo sistemático:
1. Administração : Gestão 658.401
2. Administração : Gestão 658.011.2

Freitas Bastos Editora

atendimento@freitasbastos.com
www.freitasbastos.com

DEDICATÓRIA

A minha esposa Morgana, aos meus filhos Erick e Gabrieli, pelo apoio e por compreenderem a minha ausência em diversas fases da vida. A minha eterna professora de português, Maria Eugênia, pelos ensinamentos e a todos os que passaram em minha vida acadêmica, incluindo os autores citados e profissionais, por contribuírem com diversos ensinamentos e reflexões sobre o tema abordado neste livro.

SOBRE O AUTOR:
JADIR PERPÉTUO DOS SANTOS

Pós-doutorado em Engenharia de Gestão da Inovação, na Universidade Federal do ABC, e pesquisador do CNPQ: Fórum de Inovação e Competitividade Sustentável da UFABC (FICS/UFABC). Avaliador do INEP. Doutor em Engenharia Mecânica pela UNICAMP e Mestre em Administração pela Universidade Cidade de São Paulo. Professor universitário e conteudista de curso na modalidade EAD e presencial. Consultor em produção e qualidade.

SUMÁRIO

INTRODUÇÃO

A gestão da qualidade tem impacto decisivo nos processos de competitividade e sustentabilidade das organizações, ao influenciar o modo de pensar e agir, através de seus mapas conceituais, em busca de melhorias em seus processos. Por isso, é um tema dinâmico, um estado da arte, neste momento, pode ser alterado com o tempo, em virtude das vivências, culturas, natureza intelectual, emocional e condições políticas, onde cada organização estiver situada, e isso não é dificuldade, mas, sim, adaptabilidade de conceitos intangíveis apresentados em boas práticas e como algo tangível para cada organização.

Muitos dos comportamentos existentes na Era da qualidade (Inspeção, controle estatístico, garantia e gestão estratégica da qualidade), hoje, não seriam aceitos, porque o mundo está em constante mudança e paradigmas do passado não continuam, necessariamente, a existir; outros foram se adaptando e somando-se aos setores ambientais, qualidade de vida, segurança de informação, *compliance*, responsabilidade social etc. O que prova sua adaptabilidade, incluindo suas definições de qualidade e, com o passar dos tempos, passando a ser transcendental (aquela que não se define, mas sabe-se que ela existe), está baseada em produtos (definindo atributos desejados ao produto); baseada no usuário (ajuste aos padrões do consumidor), na produção (atende especificações de projetos e clientes) e também no valor (grau de excelência a um preço aceitável), assim, considerando-se o tempo, não existe uma definição absoluta da palavra quatidade.[1]

Embora evoluindo na linha do tempo, os conceitos básicos existem, mesmo que adaptados. Marshall Junior *et al.* (2010), os definiram como: desempenho operacional; características secundárias que ajudam o seu funcionamento básico; confiabilidade em sua probabilidade de funcionamento; conformidade com o atendimento do produto ou serviço, de acordo com padrões; durabilidade do produto conforme seu valor; atendimento em relação à agilidade, cortesia, facilidade de reparo ou substituição; estética e julgamento pessoal do consumidor em relação as suas preferências e qualidade percebida pelo consumidor relacionada ao produto.

Este livro tem o objetivo de mostrar diversas práticas de gestão que possam ser adaptadas em qualquer empresa, através da implantação de múltiplos *benchmarking*, de gestão da qualidade que são as normas ISO – *International Organization for Standardization* (Organização Internacional para Padronização) e alguns quadros que facilitam sua flexibilidade em diversas organizações.

Essa integração facilita os atendimentos a requisitos legais e outros, bem como a busca de sustentabilidade, além disso, apoia também os 17 objetivos de desenvolvimento sustentável (ODS) da ONU – Organização das Nações Unidas, representados na figura 1.

---

[1]   3.3.4
Gestão da qualidade.
Gestão (3.3.3) que diz respeito à qualidade (3.6.2).
NOTA 1: Gestão da qualidade pode incluir o estabelecimento de políticas da qualidade (3.5.9), objetivos da qualidade (3.7.2) e processos (3.4.1) para alcançar estes objetivos da qualidade, por meio do planejamento da qualidade (3.3.5), da garantia da qualidade (3.3.6), do controle da qualidade (3.3.7) e da melhoria da qualidade (3.3.8) (NBR ISO 9000 – 2015, p. 16).

Figura 1 – 17 objetivos de desenvolvimento sustentável (ODS)

Fonte: Nações Unidas Brasil (2023).

O Pacto Global da ONU diz que os Objetivos de Desenvolvimento Sustentável (ODS) visam garantir os direitos humanos, acabar com a pobreza, combater a desigualdade e a injustiça, alcançar a igualdade de gênero e o empoderamento de mulheres e meninas, combater a mudança climática e lidar com outros grandes desafios de nosso tempo. A relação das normas de gestão com os ODS estão apresentados na tabela 1, recomendando que cada subitem da ODS, sempre seja levado em consideração.

Tabela 1 - Correlação das normas de gestão x ODS

Norma	Escopo	Nr Certificados no mundo	Posição do Brasil	ODS
NBR ISO 9001	Qualidade	1.077.884	10ª	1, 9, 12, 14
NBR ISO 14001	Meio Ambiente	420.433	17ª	1, 2, 3, 4, 6, 7, 8, 9, 12, 13, 14, 15
NBR ISO 45001	Saúde e Segurança	294.420	26ª	3, 5, 8, 9, 10

Fonte: elaborado pelo autor (2024).

Embora possam ser vistas de forma individual, as questões ESG (Ambientais, Sociais e de Governança) são elementos interligados e destacam o risco multifacetado para os aspectos sociais, tecnológicos, ambientais e econômicos do negócio que uma organização, que busca ser sustentável, deve considerar.

CAPÍTULO 1.
SISTEMAS DAS ORGANIZAÇÕES E SUA INTEGRAÇÃO

1.1 Sistemas das organizações

Os sistemas das organizações são as estruturas que definem como uma empresa é organizada e como ela se comunica com o ambiente externo e interno. Existem diferentes sistemas organizacionais, cada um com suas vantagens e desvantagens, dependendo do contexto e dos objetivos da organização.

Os sistemas desempenham um papel fundamental nas organizações modernas, fornecendo uma estrutura e suporte para as operações diárias, comunicação interna e tomada de decisões. Um sistema organizacional pode ser definido como um conjunto interligado de componentes e processos, que trabalham em conjunto para alcançar as metas da organização.

Um dos sistemas mais comuns em uma organização é o sistema de informação. Ele abrange o uso de tecnologia da informação para coletar, armazenar, processar e distribuir dados e informações necessárias para a organização. Assim, os sistemas de informação ajudam na gestão eficiente de dados e no suporte à tomada de decisões, permitindo que os gestores tenham acesso a informações relevantes em tempo real.

Outro processo crucial em uma empresa é o sistema de comunicação. Esse sistema abrange os processos e canais de comunicação utilizados para transmitir informações entre os diferentes níveis hierárquicos e departamentos da organização. A comunicação eficaz é necessária para garantir a coordenação adequada das atividades, o compartilhamento de conhecimento e a colaboração entre a equipe.

Além disso, as organizações geralmente possuem alguma forma de gerenciar seu negócio, como o sistema de gestão da qualidade, que estabelece diretrizes e boas práticas para garantir que os produtos ou serviços atendam aos padrões e requisitos estabelecidos. Esses sistemas de gestão ajudam a monitorar o desempenho, melhorar a eficiência e manter a conformidade com as regulamentações aplicáveis.

Os sistemas das organizações também podem abranger áreas como recursos humanos, finanças, logística e produção. Cada área possui seus próprios sistemas e processos específicos para atender ao funcionamento eficiente das atividades relacionadas.

Os sistemas desempenham um papel essencial nas organizações, fornecendo estrutura e suporte nas áreas de atuação. Esses sistemas ajudam a melhorar a eficiência operacional, facilitam a tomada de decisões e promovem o direcionamento e comunicação eficazes entre os membros da organização. Ter sistemas bem projetados e implementados é essencial para o sucesso e crescimento contínuo das organizações em um ambiente empresarial complexo e em constante mudança.

1.2 Gestão de mudanças

A gestão de mudanças é um processo estruturado que visa gerenciar, preparar e facilitar a transição de uma organização, equipe ou indivíduo de um estado atual para um estado desejado. Ela envolve um conjunto de ações estruturadas que facilitam a implementação de mudanças significativas em processos, estruturas, tecnologias, culturas organizacionais ou comportamentos individuais, minimizando os impactos negativos e maximizando os benefícios da mudança, que são cada vez mais comuns e rápidos no cenário competitivo atual.

As organizações enfrentam constantes mudanças e desafios, motivada por diversos fatores, como: inovações tecnológicas, novas demandas dos clientes, alteração na legislação, fusões ou aquisições etc. A gestão efetiva dessas mudanças tornou-se uma habilidade essencial. Aqui estão algumas razões pelas quais a gestão de mudanças é importante no cenário competitivo:

1. **Adaptabilidade:** a capacidade de se adaptar a mudanças é necessária para a sobrevivência e o sucesso das organizações. A gestão de mudanças permite que as organizações se ajustem rapidamente às mudanças no mercado, nas tecnologias e nas demandas dos clientes, mantendo-se competitivas.

2. **Inovação:** a gestão de mudanças promove a inovação e a melhoria contínua, encorajando a busca de novas ideias e abordagens. Ela cria um local propício para o surgimento de soluções criativas, impulsionando a capacidade de adaptação e diferenciação no mercado.

3. **Aproveitamento de oportunidades:** mudanças podem trazer consigo oportunidades valiosas. Uma gestão eficaz de mudanças permite que as organizações identifiquem e aproveitem essas oportunidades de forma proativa, maximizando o potencial de crescimento e sucesso.

4. **Engajamento dos colaboradores:** a gestão de mudanças envolve a comunicação clara e o envolvimento dos colaboradores em todo o processo de mudança. Isso cria um senso de propriedade e comprometimento, aumentando a motivação e a produtividade dos funcionários.

5. **Redução de resistência:** a mudança pode ser recebida com resistência e apreensão por parte dos colaboradores. Uma gestão eficaz de mudanças ajuda a identificar as preocupações e os pontos de resistência, permitindo a implementação de

estratégias para minimizar a resistência e promover a aceitação da mudança.

6. **Agilidade organizacional:** a capacidade de gerenciar mudanças de maneira eficaz permite que as organizações sejam ágeis e respondam rapidamente às demandas do mercado. Elas podem se adaptar mais rapidamente às mudanças competitivas, aproveitando oportunidades e superando desafios.

A Figura 2 apresenta, ao se aplicar à gestão de mudanças, as vantagens que a empresa pode obter:

Figura 2 – Vantagens da gestão da mudança

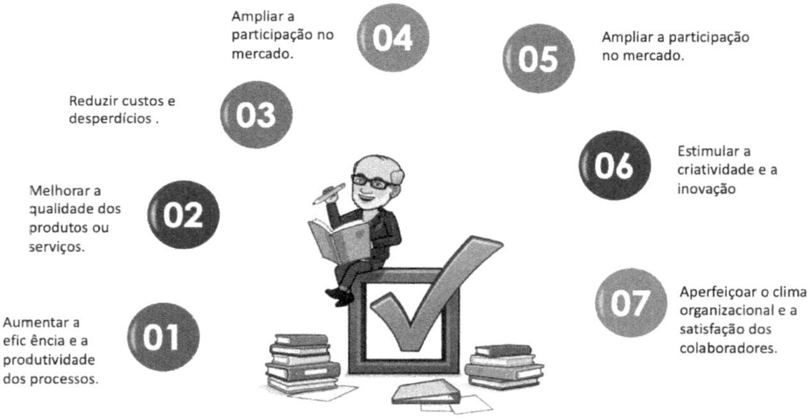

Fonte: elaborado pelo autor (2024).

Para realizar a gestão de mudanças, de forma eficaz, é preciso seguir algumas etapas, como apresenta a figura 3.

Figura 3 – Etapas da mudança

Fonte: elaborado pelo autor (2024).

Essas etapas podem variar de acordo com o tipo e a complexidade da mudança, mas o importante é que elas sejam realizadas com planejamento, transparência e participação dos colaboradores. Assim, a gestão de mudanças pode contribuir para o sucesso da organização e para a sua competitividade no mercado.

CAPÍTULO 2.
QUADROS CONCEITUAIS

Os quadros conceituais são informações que podem ajudar a potencializar a implantação de um sistema de gestão integrado.

Os quadros conceituais são importantes informações que ajudam o leitor, a entender aspectos conceituais, não explícitos nas normas, facilitando assim a implantação de um sistema de gestão integrado e potencializado.

2.1 Processos funcionais

Processos funcionais são aqueles que agrupam as atividades de uma organização, de acordo com as funções que elas desempenham. As organizações que usam esses processos têm uma visão voltada para a sua realidade interna e tendem a otimizar cada atividade ou funções específicas que são realizadas, dentro de uma instituição, para atingir suas metas e executar suas operações diárias. Esses processos são geralmente agrupados em diferentes áreas funcionais, cada uma com suas próprias responsabilidades e objetivos a executar em suas atividades diárias.

Aqui estão alguns exemplos de processos funcionais comuns encontrados em muitas organizações:

1. **Processos de Recursos Humanos:** esses processos incluem recrutamento e seleção de funcionários, treinamento e desenvolvimento, avaliação de desempenho, gerenciamento de remuneração e benefícios, gestão de talentos e planejamento de força de trabalho.
2. **Processos de Operações:** esses processos estão relacionados à produção de bens ou à prestação de serviços. Eles podem incluir planejamento da produção, gerenciamento da cadeia de suprimentos, controle de qualidade, gestão de estoques, logística e gestão de ativos.
3. **Processos Financeiros:** esses processos estão relacionados à gestão financeira da organização. Eles podem incluir contabilidade, controle de custos, gestão de orçamentos, gestão de caixa, análise financeira, gestão de riscos financeiros e relatórios financeiros.
4. **Processos de Marketing e Vendas:** esses processos estão relacionados à promoção e venda de produtos ou serviços da organização. Eles podem incluir pesquisa de mercado, desenvolvimento de produtos, estratégias de marketing, gerenciamento de marcas, publicidade, relações públicas, gestão de canais de distribuição e vendas.
5. **Processos de Atendimento ao Cliente:** esses processos estão relacionados à interação com os clientes e ao fornecimento de suporte e assistência. Eles podem incluir atendimento ao cliente, gerenciamento de reclamações, resolução de problemas, suporte técnico e gestão de relacionamento com o cliente (CRM).
6. **Processos de Tecnologia da Informação (TI):** esses processos estão relacionados à gestão de sistemas e infraestrutura de tecnologia da informação da organização. Eles podem incluir gerenciamento de projetos de TI, desenvolvimento de *software*, suporte técnico, segurança da informação, gestão de dados e gestão de redes.

Cada área funcional tem seus próprios objetivos, responsabilidades e métricas de desempenho. Os processos funcionais são interdependentes e precisam trabalhar em sincronismo para manter o funcionamento eficiente e eficaz da organização como um todo.

2.2 Gestão por processos

Inicialmente conceituaremos o que significa processo, segundo Campos:

> Processo é um conjunto de causas (que provoca ou não efeitos). Uma empresa é um processo e dentro dela existem vários processos: não só processos de manufatura como também processos de serviços. Processo é um conjunto de atividades executadas sequencialmente que agregam valor num produto (Campos, 2004, p. 19).

A gestão por processos foi incorporada na NBR ISO 9001:2000, ela estabeleceu a abordagem por processos baseada no ciclo PDCA (*PLAN–DO–CHECK–ACT* ou Planejar – Fazer –Verificar e Agir) e os princípios da qualidade. O objetivo foi garantir a otimização de processos, maior agilidade no desenvolvimento de produtos e produção mais ágil a fim de satisfazer os clientes e alcançar o sucesso sustentado. A definição do Sistema de Gestão (SG), apresentado na ISO 9000, é o "conjunto de elementos inter-relacionados ou interativos de uma organização para estabelecer políticas, objetivos e processos para alcançar esses objetivos." (ABNT NBR ISO 9000:2015, p. 44).

As organizações podem ser vistas como sistemas abertos, pois recebem entradas (*inputs*) do ambiente, como recursos materiais, humanos e financeiros, e produzem saídas (*outputs*), como bens, serviços e informações. Além disso, as organizações sofrem influências do ambiente e o influenciam, por meio de retroalimentação (*feedback*). Assim, as organizações precisam se adaptar às mudanças do ambiente para sobreviver e alcançar seus objetivos.

O conceito comum dessa interação está apresentado na figura 4 a seguir.

Figura 4 – A visão de um processo

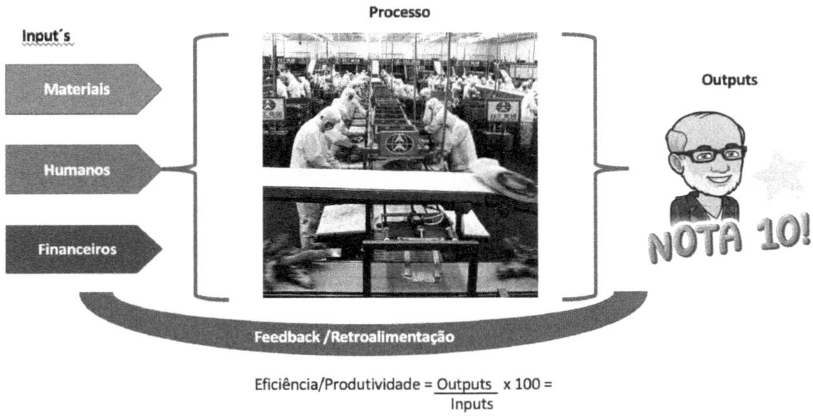

Fonte: elaborado pelo autor (2024).

A figura 4 mostra que o processo possui um conjunto de dados/informações, requisitos etc., que fornecem o suporte para que o processo seja realizado dentro dos acordos entre cliente e empresa. Como resultado, temos a satisfação do cliente em ter recebido a solicitação e, em caso de alguma mudança, o cliente realimenta os requisitos de entrada, possibilitando melhorias constantes no relacionamento, como uma organização e um conjunto de processos, pois a saída de um torna-se a entrada do outro.

Com esse conceito, temos a possibilidade de definirmos um KPI – *Key Performance Indicator* (Indicador-chave de Performance), para o processo que for necessário através da seguinte fórmula: Nome do KPI = (*Outpus/Input*) x 100.

Exemplo 1: Vamos supor que em uma sala de aula, temos como KPI, a eficiência de uso da sala, e em uma sala de aula com 70 carteiras (*Inputs*/Entrada) temos 53 carteiras (*Output*/saída) com alunos, nosso indicador tem o seguinte resultado.

$$\%\text{Eficiência/utilização da sala de aula} = \frac{53}{70} \times 100 = 75,71\% \text{ de}$$
$$\text{utilização da sala.}$$

Exemplo 2: Vamos supor que, em uma linha de produção de celulares, temos como KPI, a produtividade da linha em um determinado período. Aqui consideraremos 1 hora como a expectativa de produzir 150 celulares/hora (*Inputs*/Entrada). Verificamos que no final dessa hora tinham saído 128 celulares (*Output*/saída) com alunos. nosso indicador tem o seguinte resultado.

$$\%\text{Produtividade} = \frac{128}{150} \times 100 = 85,33\% \text{ de produtividade essa}$$
$$\text{linha teve.}$$

Esse mesmo conceito de KPI pode ser aplicado a qualquer atividade como: banco, poupa tempo, vendas no varejo e atacado, processos logísticos etc.

Conceito esse, importante para se pensar em melhorias, reduções de atividades, mapeamento dos processos, identificação de gargalos, porém todos esses conceitos devem ser integrados na gestão dos processos. Portanto, vamos acompanhar os pensamentos, verificar seus paradigmas e evoluir até a gestão dos processos.

1º – identificação dos processos/funcionais e sua produtividade, ao considerarmos as reflexões de Taylor, Gilbreth, Adam Smith, Ford e outros, uma linha de produção precisa obter o máximo de destreza manual, e eliminação de tempos que não agreguem valor ao processo e ao cliente.

A figura 5 apresenta a ideia de um processo com 3 linhas de trabalho que, ao término, serão somadas à produção A, B e C, percebe-se que o máximo que poderá sair, pensando-se no paradigma da teoria das restrições, é o menor número do conjunto que completa entre as 3 linhas de trabalho (atividades do dia a dia), porque tem-se um gargalo em alguma das linhas, uma vez que estas não são independentes em sua maioria dos processos.

Figura 5 - Processos verticais funcionais

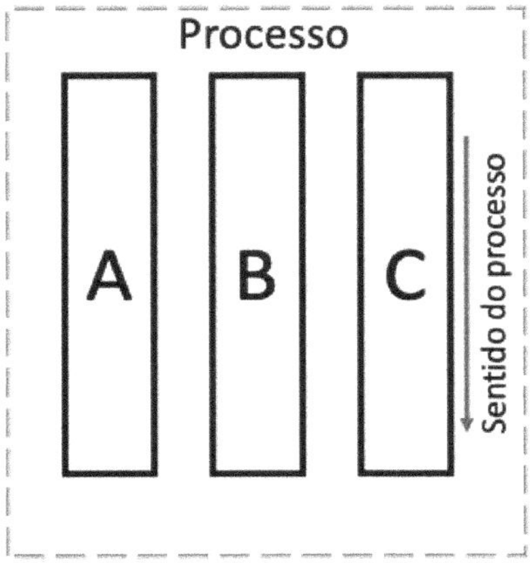

Fonte: adaptado de Paim (2009).

Com o tempo, os processos funcionais (cada indivíduo) perderam a importância e aparecem na gestão por processo; os processos transversais passam a ter uma maior relevância, até que se tenha somente a sua existência, e ao serem mapeados tornam-se as atividades que agregam valor em um fluxo mais harmônico ao negócio, como mostra a figura 6 (Paim *et al.*, 2009).

Figura 6 – Migração para processos transversais

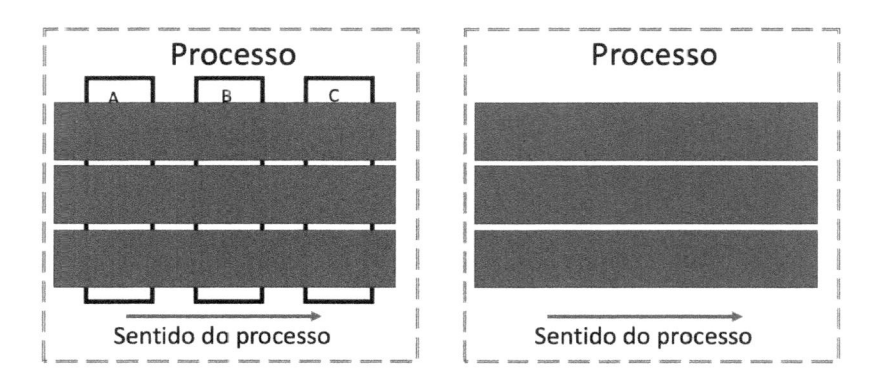

Fonte: adaptado de Paim (2009).

Cada linha do processo transversal pode gerar um KPI orientado ao processo, após a união de todas as linhas e seu mapeamento/modelagem, que pode ser feito de diversas formas como fluxograma, SIPOC etc., como se pode observar na figura 7.

Figura 7 – Visão geral dos processos e suas métricas

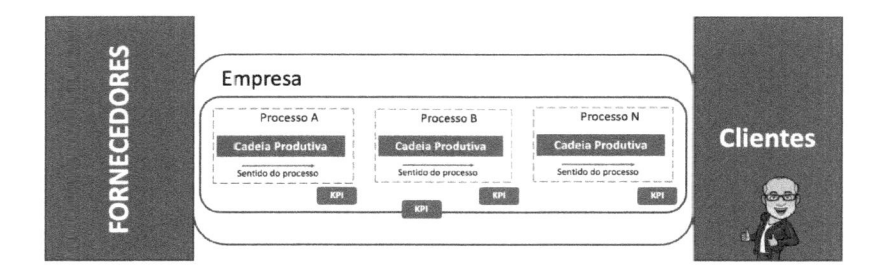

Fonte: elaborado pelo autor (2024).

A figura 7 retrata que, através dos clientes, define-se a estratégia necessária para cada processo de materiais, que foram mapeados identificando quais são as tarefas, realmente, necessárias para obter um resultado excelente em cada uma das cadeias. Esses resultados podem ser medidos em cada processo ou em um único indicador que mede o resultado organizacional.

Paim *et al.* (2009) descreve que incorporar melhores práticas, tecnologias e orientar o perfil dos funcionários para a gestão de processos são algumas dificuldades encontradas no gerenciamento de processos.

Entre as vantagens citadas por Paim *et al.* (2009), a respeito de se ter um gerenciamento de processos, estão:

- Uniformização de entendimento sobre a forma de trabalho. Através do uso dos modelos de processos para a construção de uma visão homogênea do negócio.
- Melhoria do fluxo de informações, a partir de sua identificação nos modelos de processo e, consequentemente, do aumento do potencial prescrito das soluções de automação dele.
- Padronização dos processos em função da definição de um referencial de conformidade.
- Melhoria da gestão organizacional, a partir do melhor conhecimento dos processos associados. Há outros eixos importantes da coordenação do trabalho como, por exemplo, indicadores de desempenho, projeto organizacional, sistemas de informação, competência, entre outros. O aumento da compreensão teórica e prática sobre os processos criando possibilidades de reflexão, diálogo e ação voltadas ao desenvolvimento e aprimoramento deles.
- Redução de tempo de custos dos processos, com enfoque econômico-financeiro final; redução no tempo de atravessamento de produtos; aumento de satisfação do cliente; o aumento da produtividade dos trabalhadores; redução de defeitos e outros.

2.3 Gestão de riscos ABNT ISO/TR 31000 – guia para implementação

Como todas as normas de gestão buscam sistematizar a mentalidade de risco, o quadro conceitual de gestão de risco (atividade para dirigir e controlar os riscos) é importante para empresas de qualquer porte e tipo de produto ou serviço, uma vez que, existindo fatores externos e internos, existirá a incerteza de atingimento de seus KPI's que, segundo a NBR ISO 31000 (2018, p. 1), "essa incerteza pode ser positiva, negativa ou ambos, e pode abordar, criar ou resultar em oportunidades e ameaças".

Essas diretrizes e padrões para as organizações abordam o impacto da concentração por meio da gestão de riscos, em seus contextos internos e externos, impactando as pessoas e os fatores da cultura organizacional, detectando e entendendo os perigos e alterando-os, quando necessário. Isso permitirá que uma empresa obtenha uma compreensão atualizada e completa de seus riscos, garantindo que sejam consistentes em sua atitude diante da ameaça e seus devidos perigos, interagindo com todas as partes interessadas.

A seguir, a figura 8, extraída da NBR ISO 31000 (2018), apresenta sua estrutura, princípios e processos já constantes em uma organização, total ou parcialmente, porém, talvez precise de uma adaptação à cultura organizacional de uma empresa que pretende implementar essa diretriz, que tem como objetivo a orientação da leitura da ABNT ISO TR 31004 – Guia de implementação da ABNT NBR ISO 31000.

Figura 8 – Princípios, estrutura e processo da
NBR ISO 31000

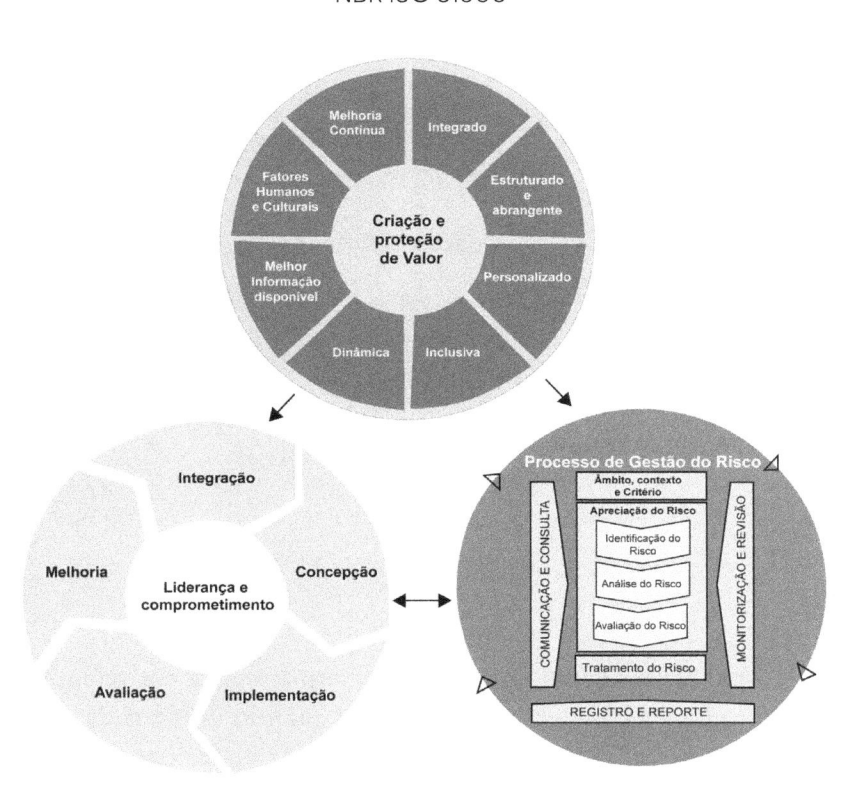

Fonte: NBR ISO 31000 (2018, p. vi).

2.3.1 Princípios da gestão de risco

Quando vemos os princípios destacados na figura 9, podemos perceber que no centro da imagem se encontra a definição do propósito deles, "criar proteção de valor", que é o alicerce de uma gestão de riscos eficiente e eficaz, para que uma empresa possa comunicar seu valor, explicando sua intenção e propósito.

Figura 9 – Princípios da gestão de riscos

Fonte: ABNT NBR ISO 31000 (2018, p. 3).

A figura 9 representa a gestão de risco que está, de forma integrada, em todos os processos da empresa e, quando estruturada, mitiga os riscos aumentando a eficiência e a eficácia, de maneira personalizada, em virtude da cultura organizacional, contextos internos e externos, possibilitando que as partes interessadas apliquem seus conhecimentos explícitos e tácitos.

A estrutura da gestão serve para dar suporte à integração de todas as atividades, processos e funções que, para se ter uma estrutura robusta, devem ser compartilhadas por todos os interessados, em particular com a alta direção.

A figura 10, a seguir, apresenta a partir do seu centro e conforme a ABNT NBR ISO 31000 (2018) todos os componentes da infraestrutura, que devem ter suas práticas avaliadas, para que possam abortar qualquer risco à estrutura e para que, também, tenham a singularidade de cada empresa.

Figura 10 – Componentes da infraestrutura

Fonte: NBR ISO 31000 (2018, p. 4).

A figura 10, apresentada na NBR ISO 31000 (2018), relata que uma liderança comprometida ao emitir declaração ou política que estabeleça uma abordagem de risco, plano ou curso de ação, procura disponibilizar recursos adequados, atribuindo responsabilidades nos níveis apropriados, auxiliando no desenvolvimento de critérios para harmonia entre os riscos, objetivos e cultura da empresa, monitorando, comunicando e atualizando o valor da gestão de riscos a todos os envolvidos sistematicamente.

O tópico integração na gestão de riscos depende de um entendimento claro do contexto organizacional e de suas estruturas. Dependendo do propósito, dos objetivos e da complexidade da organização, existem várias estruturas a serem integradas. Todas as partes da organização podem ter seu risco gerenciado com envolvimento de todos os funcionários.

Em uma organização, as relações internas e externas, bem como as regras, procedimentos e práticas necessárias para alcançar o seu propósito são guiados pela governança. Para alcançar níveis adequados de desempenho e viabilidade em longo prazo, as estruturas de gestão traduzem a direção desejada pela governança para a estratégia e os objetivos de forma viável e com desempenho sustentável em longo prazo. A determinação de quem é responsável pela gestão de riscos e pela supervisão na organização é um componente crítico.

A gestão de riscos precisa ser adaptada às necessidades e cultura da organização, pois é um processo dinâmico e interativo. A gestão de riscos deve fazer parte do propósito da organização, bem como da governança, liderança, comprometimento, estratégia, objetivos e operações, assim, ao desenvolver uma estratégia de gerenciamento de riscos, a empresa deve considerar seus ambientes internos e externos.

Examinar o contexto externo da organização pode incluir, mas não está limitado a fatores sociais, culturais, políticos, jurídicos, regulatórios, financeiros, tecnológicos, econômicos e ambientais em nível internacional, nacional, regional ou local; relacionamentos, percepções, valores, necessidades e expectativas das partes interessadas externas; relacionamentos e compromissos contratuais; e expectativas, interdependências, interconexões e complexidades de relacionamento com todos os envolvidos.

Quando aplicável à alta direção e aos processos de supervisão devem demonstrar e expressar continuamente seu compromisso com a gestão de riscos por meio de políticas, declarações ou outras formas que expressem claramente as metas e o compromisso com a gestão de riscos da organização. Convém que o compromisso inclua, mas não se limite ao objetivo da organização para gerenciar riscos e o alinhamento com seus objetivos, políticas e outros propósitos; a encorajar a integração da gestão de riscos nas atividades principais da empresa e na tomada de decisão; a atribuir autoridade e responsabilidades; a prover os recursos necessários; à forma como os objetivos conflitantes são tratados; à medição e relato usando os indicadores de desempenho da organização; e à análise e melhoria, portanto, convém que as partes interessadas e a empresa sejam informadas sobre o compromisso com a gestão de riscos.

A alta direção e os órgãos de supervisão devem, onde aplicável, garantir que todos os níveis da organização tenham autoridade e responsabilidades para os cargos relacionados à gestão de riscos. É importante enfatizar que a gestão de riscos é essencial, bem como definir quem será responsável por gerenciar essas ameaças.

A alta direção e os órgãos de supervisão devem fornecer os recursos apropriados para a gestão de riscos a fim de que sejam distribuídos de forma adequada. Esses recursos podem incluir, mas não estão limitados a pessoas, habilidades, experiência e competência; aos procedimentos e procedimentos documentados; aos sistemas de gestão da informação e do conhecimento; e às necessidades de treinamento e desenvolvimento de profissões, levando em consideração as capacidades e limitações dos recursos atualmente disponíveis.

Para fortalecer a estrutura e facilitar a implementação eficaz da gestão de riscos, a empresa deve desenvolver uma abordagem de comunicação e consulta. Comunicação envolve fornecer informações ao público-alvo. A consulta também exige que os participantes forneçam retorno, com a expectativa de que isso ajude na tomada de decisões e na formulação de ideias ou outras atividades. Os métodos e o conteúdo da consulta e comunicação devem atender às expectativas das partes interessadas.

É necessário que a comunicação e a consulta sejam oportunas. Eles também devem garantir que a informação relevante seja coletada, combinada, sintetizada e compartilhada de acordo com a necessidade, bem como fornecer feedback e implementar melhorias.

A ABNT NBR ISO 31000 (2018), recomenda que, ao implementar a estrutura de gestão de riscos, considere um planejamento de prazos e recursos, reconhecendo os tipos de decisões e modificações do processo que podem ser aplicadas, gerenciadas e compreendidas pela organização.

A participação e a conscientização das partes interessadas são necessárias para a implementação bem-sucedida da estrutura. Além de permitir que as empresas abordem a incerteza na tomada de decisão, isso também garante que qualquer dúvida nova ou posterior seja levada em consideração à medida que apareça.

A estrutura de gestão de riscos deve ser bem pensada e usada para garantir que o processo de seu gerenciamento seja incorporado a todas as atividades da empresa, incluindo a tomada de decisão, e que ele seja adequadamente captado quando as circunstâncias externas e internas mudarem.

A organização pode examinar regularmente a performance da estrutura de suas ameaças potenciais em relação ao seu propósito, planos de implementação, indicadores e comportamento esperado, além de determinar se continua sendo suficiente para sustentar os objetivos da organização.

A organização pode observar e ajustar continuamente sua estrutura de riscos para lidar com as mudanças internas e externas. Ao fazer isso, a organização tem a capacidade de aumentar seu valor.

Convém que a empresa continue melhorando a adequação, capacidade e eficiência de sua estrutura de identificação, análise, avaliação, tratamento, monitoramento e investigação crítica dos riscos. Também é necessário que a organização melhore a maneira como os processos de gestão de ameaças potenciais são integrados.

A empresa pode criar planos e tarefas após a identificação de lacunas ou oportunidades de melhoria e os atribuir aos indivíduos responsáveis por implementá-los e contribuir para melhorar a gestão de riscos.

A figura 11, a seguir, apresenta na NBR ISO 31000 (2018, p. 9), que "o processo de gestão de riscos envolve a aplicação sistemática de políticas, procedimentos e práticas para as atividades de comunicação e consulta, estabelecimento do contexto e avaliação, tratamento, monitoramento, análise crítica, registro e relato de riscos".

Figura 11 – Processos da gestão de riscos

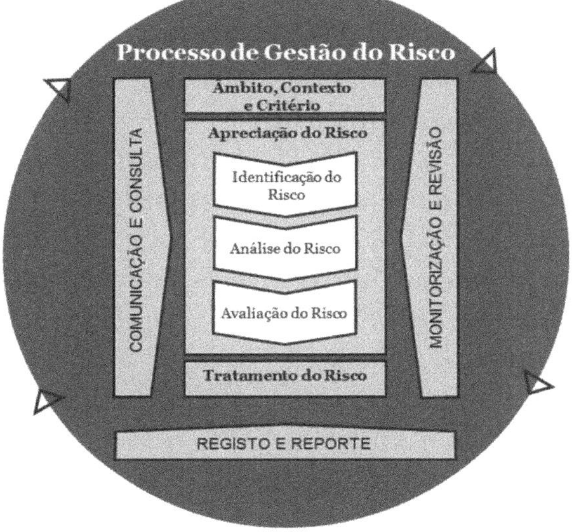

Fonte: NBR ISO 31000 (2018, p. 9).

A prevenção de riscos potenciais deve ser uma parte essencial da gestão e da tomada de decisão, além disso, também deve ser incorporada aos aspectos da operação, estrutura e operações da empresa. Pode ser aplicado em níveis estratégicos, operacionais, programas ou projetos.

O gerenciamento de riscos pode ser usado em uma variedade de situações diferentes para atingir as metas de uma empresa e para se adequar aos ambientes internos e externos. Ao lidar com os riscos é importante levar em consideração a natureza dinâmica e variável do comportamento humano e da cultura. A análise de riscos é interativa, embora, muitas vezes, seja apresentada como sequencial.

Quanto aos objetivos da comunicação e consulta, podemos dizer que são os seguintes: reunir diferentes áreas de especialização para cada etapa do processo de gestão de riscos; garantir que diferentes percepções sejam consideradas apropriadamente na definição e avaliação de critérios de perigos; fornecer informações suficientes para facilitar a supervisão e a tomada de decisão de riscos; e criar um senso de pertencimento e propriedade entre os afetados pelo risco.

A comunicação e consulta aos riscos são necessárias em cada etapa, ao longo do processo, para ajudar as partes interessadas a entender suas ameaças, como as decisões são tomadas e por que certas ações são necessárias. A comunicação visa aumentar a conscientização e a compreensão dos riscos, já a consulta envolve receber retorno e obter informações para auxiliar na tomada de decisão. A coordenação estreita entre as duas deve facilitar a troca de informações que sejam precisas, oportunas, pertinentes e fáceis de entender, mantendo a integridade e a confidencialidade da informação, bem como os direitos de privacidade das pessoas.

O cuidado especial com a elaboração do escopo do sistema de gestão é necessário, uma vez que o objetivo do estabelecimento do escopo, contexto e padrões é personalizar o processo de gestão de riscos para que possa haver uma avaliação e tratamento de ameaças eficaz. A definição do escopo do processo, bem como o entendimento do contexto interno e externo, está incluída nos critérios de escopo, contexto e avaliações.

A definição do escopo, atividades e processo de gestão de riscos pode ser usada em vários níveis como, por exemplo, estratégico, operacional, programa, projeto ou outras atividades. Portanto, é importante definir o escopo e os objetivos relevantes a serem considerados, além da forma como se alinham com os objetivos organizacionais.

Recomenda-se que no seu planejamento inclua: objetivos, decisões e resultados esperados do processo; tempo, localização, inclusão e exclusão específicos; ferramentas e técnicas apropriadas para a avaliação de riscos; recursos, responsabilidades e registros necessários; e conexões com outros projetos, processos e atividades.

> **Os contextos internos e externos são as circunstâncias em que a empresa busca estabelecer e atingir seus objetivos.**

O contexto do processo de gestão de riscos deve ser estabelecido com base na compreensão do ambiente externo e interno da organização. Esse ambiente deve refletir o espaço específico da atividade em que o processo de gestão de riscos é aplicado.

É fundamental compreender o contexto e o porquê a gestão de riscos ocorre dentro dos objetivos e atividades da organização. Elementos organizacionais podem ser uma fonte de risco, e o propósito e o alcance do processo de gestão de ameaças podem estar conectados aos objetivos da empresa.

> **A organização deve estabelecer os aspectos internos e externos do processo de gestão de riscos.**

É necessário que a empresa indique o tipo de risco que pode ou não assumir em relação aos seus objetivos. Além disso, deve-se estabelecer padrões para avaliar a importância do risco e facilitar a tomada de decisão. Os requisitos de risco devem ser adaptados à estrutura de gestão de riscos e ao propósito e alcance da atividade em questão. É necessário que os critérios de risco reflitam os princípios, objetivos e recursos da organização, e sejam compatíveis com as diretrizes e declarações de gestão de riscos. A definição de padrões de risco deve ser feita levando em consideração as obrigações da organização e as perspectivas das partes interessadas.

É confortável estabelecer que os critérios de risco sejam estabelecidos no início do processo de avaliação de ameaças, eles são dinâmicos e devem ser analisados criticamente e ajustados, se necessário.

Para estabelecer os critérios de risco é importante considerar os seguintes aspectos: os tipos de incertezas que podem afetar os resultados e objetivos (tanto tangíveis quanto intangíveis); como as consequências (tanto positivas quanto negativas) e as probabilidades que serão definidas e medidas; fatores relacionados ao tempo; consistência no uso de medidas; como o nível de risco será determinado; e as combinações e sequências de múltiplos riscos.

O processo de ideação, análise e avaliação de perigos é conhecido como processo de avaliação de riscos.

Com base no conhecimento e nos pontos de vista das partes interessadas, a avaliação de riscos deve ser conduzida de forma sistemática, interativa e colaborativa. Usar a melhor informação disponível, juntamente com uma investigação adicional, se necessário, é importante.

O processo de avaliação possui 3 etapas como representado na figura 12, a seguir.

Figura 12 – Processo de avaliação de riscos

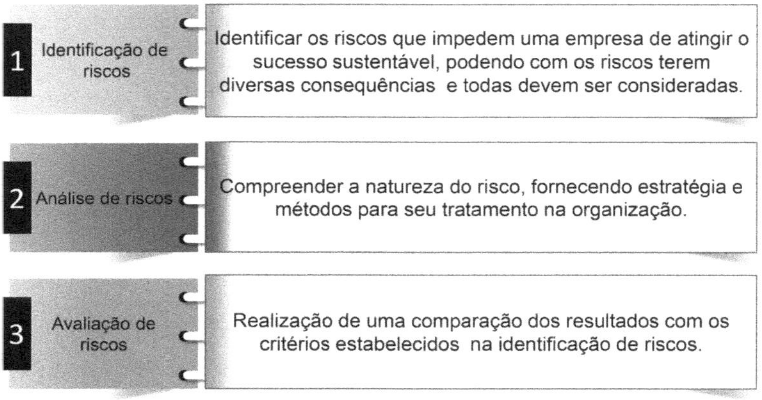

Fonte: elaborado pelo autor (2024).

A figura 12 mostra que na fase de identificação de maior número de riscos possíveis, pode-se usar um vasto leque de técnicas para identificar suas incertezas, tais como: causas e eventos, ameaças e oportunidades, fatores temporais, consequências e seus impactos etc.

A sua análise de riscos envolve incerteza, fontes de risco, probabilidade, cenários etc., podendo ser realizada em vários níveis e complexidade com o uso de técnicas qualitativas e quantitativas, ou qualiquanti (combinação de ambas), considerando fatores tais como probabilidade e consequência de eventos, complexidade e conectividade, fatores temporais e volatilidade etc.

Quaisquer divergências de opiniões, vieses, percepções de risco e julgamentos podem afetar a análise de riscos. A qualidade da informação utilizada, as hipóteses e exclusões feitas, as limitações das técnicas e a forma como elas são implementadas também têm um impacto. É imperativo que os tomadores de decisão levem em consideração essas influências, mantenham um registro e sejam informados sobre elas.

Quantificar eventos altamente incertos pode ser difícil. Isso pode ser um problema ao analisar eventos graves. Em situações como essa, o uso de um conjunto de métodos, geralmente resulta em maior discernimento.

A análise de riscos fornece uma entrada para a avaliação de perigos, além da tomada de decisões para definir se o risco deve ou não ser tratado e quais as estratégias e técnicas mais adequadas para o tratamento da ameaça. Os resultados ajudam a entender como as decisões são tomadas e quais os tipos e graus de risco envolvem essas decisões.

A avaliação de riscos é usada para ajudar nas decisões, pois consiste em comparar os resultados da análise de riscos com os critérios de risco estabelecidos para determinar onde mais ações devem ser tomadas. Isso pode levar a uma decisão de não fazer mais nada, considerando outras opções de tratamento de riscos como: realizar análises adicionais para melhorar a compreensão da ameaça; manter os controles existentes; ou reconsiderar os objetivos.

As partes interessadas, internas e externas, bem como o contexto geral, devem ser consideradas ao tomar decisões.

O resultado da avaliação de riscos deve ser documentado, comunicado e, em seguida, validado nos níveis adequados da organização.

A próxima etapa abordada na NBR ISO 31000 (2018) é o tratamento de riscos que tem o objetivo de priorizar a escolha e execução de opções para abordar riscos. A mitigação dos perigos é uma sequência interativa de: criar e escolher soluções para o tratamento do risco; planejar e implementar o tratamento; avaliar a eficácia do tratamento; e determinar se o risco remanescente é aceitável ou não. Se o tratamento não for aceitável, um procedimento adicional será necessário.

Ao escolher a melhor opção de tratamento de riscos, a empresa deve considerar os custos no trabalho necessário ou nas desvantagens da implementação em relação aos objetivos.

As opções de gerenciamento de riscos não são sempre mutuamente exclusivas ou apropriadas em todas as situações. As opções para tratar o risco podem ser as seguintes: evitar o perigo ao decidir não iniciar ou continuar com a atividade que dá origem ao risco; assumir ou aumentar o risco para perseguir uma oportunidade; remover a fonte do perigo; mudar a probabilidade; alterar as consequências; compartilhar a ameaça (por exemplo, por meio de contratos ou compra de seguros); ou reter o risco por decisão fundamentada.

A justificativa para o tratamento de riscos precisa considerar todas as obrigações da organização, compromissos voluntários e perspectivas das partes interessadas, pois não se limita apenas às razões econômicas. A meta da empresa, os padrões de risco e os recursos disponíveis precisam ser considerados ao selecionar opções de tratamento de riscos.

A organização deve levar em consideração os princípios, percepções e possíveis envolvimentos das partes interessadas ao escolher opções de tratamento de riscos. Também precisa considerar as melhores maneiras de se comunicar e consultar com elas. Embora todos os tratamentos sejam eficazes, algumas partes interessadas podem encontrar alguns procedimentos mais aceitáveis do que outros.

A resposta aos riscos pode não ter os resultados esperados ou causar resultados não pretendidos, mesmo que seja feito com cuidado. Para garantir que os diferentes métodos de tratamento de riscos funcionem e permaneçam eficazes, monitoramento e análise crítica devem ser componentes essenciais do processo de implementação.

O tratamento de riscos pode trazer novas ameaças que precisam ser lidadas, cujo objetivo dos planos de tratamento é definir como as opções de recursos escolhidas serão implementadas de forma que os envolvidos possam entender os planos e acompanhar seu progresso. A implementação do tratamento de riscos deve ser específica e clara no plano de tratamento.

Após o tratamento de riscos, os tomadores de decisão e outras partes interessadas devem estar cientes da natureza e da amplitude do risco remanescente. O risco residual deve ser registrado e submetido a monitoramento, análise crítica e, se necessário, tratamento adicional. É necessário registrar e manter uma análise crítica contínua em caso de opções de tratamento não estarem disponíveis ou não modificarem suficientemente o risco.

Após consulta com as partes interessadas apropriadas, os planos de tratamento devem ser incorporados aos planos e processos de gestão da organização. As partes interessadas precisam ser consultadas antes de incorporar os planos de tratamento aos processos e planos de gestão da organização.

As informações do plano de tratamento devem incluir a justificativa para a escolha das opções de tratamento, incluindo os benefícios esperados; os responsáveis por aprovar e implementar o plano; as ações propostas; medidas de desempenho; restrições; relatos e supervisão necessários; e quando se espera que as ações sejam tomadas e concluídas.

O objetivo do monitoramento e análise crítica é garantir e melhorar a qualidade e eficácia da concepção, implementação e resultados do processo. A gestão de riscos deve incluir responsabilidades definidas e monitoramento contínuo, além de análise crítica de resultados.

Todos os estágios do processo devem ser monitorados e analisados criticamente. Planejamento, coleta e análise de informações, registro de resultados e fornecimento de retorno são exemplos de monitoramento e análise crítica. Todos os relatórios, dados e relatórios relacionados à gestão de desempenho devem incorporar os resultados do monitoramento e da análise crítica.

É fundamental registrar e relatar corretamente tanto o processo de gestão de riscos quanto os resultados. Os objetivos do registro e do relato são os seguintes: informar sobre as atividades de gestão de riscos em toda a organização; fornecer informações para a tomada de decisão; melhorar as atividades de gestão de riscos; e facilitar a comunicação com as partes interessadas, incluindo aquelas que são responsáveis pela gestão de riscos.

As decisões sobre a criação, retenção e manuseio de informações documentadas devem ser consideradas, mas não se limitam ao seu uso, sensibilidade e contextos internos e externos.

O relato é uma parte importante da governança da organização, e é razoável que melhore a qualidade do diálogo com as partes interessadas e ajude a Alta Direção e os órgãos de supervisão a cumprirem suas responsabilidades. Os fatores a serem levados em consideração para o relato incluem, mas não estão limitados a: as diferentes partes interessadas e suas necessidades específicas de informação; o custo, a frequência e a pontualidade do relato; o método de relato; e a relevância da informação para os objetivos organizacionais e a tomada de decisão.

2.4 Ciclo PDCA

O Ciclo PDCA é uma ferramenta de qualidade que facilita a tomada de decisões, visando garantir o alcance das metas necessárias à sobrevivência dos estabelecimentos e, embora simples, representa um avanço sem limites para o planejamento eficaz. A sigla é formada pelas iniciais:

P – Plan (Planejar)
D – Do (Executar)
C – Check (Verificar)
A – Act (Agir)

Existem diversas representações gráficas que podem apresentar seu conceito. A figura 13 apresenta duas delas.

Figura 13 – Ciclo PDCA

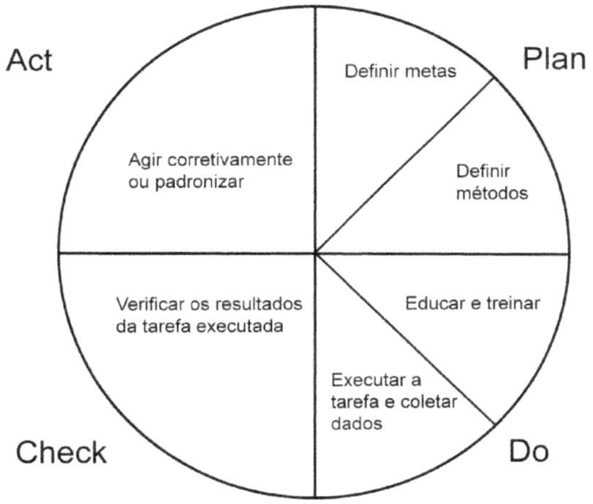

Fonte: Marshal Junior *et al.* (2010).

Onde:
P de *Plan* – Planejar
Alguns consideram a etapa mais importante, pois é quando se estabelecem os objetivos e processos necessários para fornecer resultados de acordo com os requisitos e políticas predeterminados. O

planejamento começa pela análise do processo. Várias atividades são realizadas para fazermos uma análise eficaz:

- Levantamento de fatos;
- Levantamento de dados;
- Elaboração do fluxo do processo;
- Identificação dos itens de controle;
- Elaboração de uma análise de causa e efeito;
- Colocação dos dados sobre os itens de controle;
- Análise dos dados;
- Estabelecimento das metas.

D de *Do* – Fazer

Executar, ou seja, implementar as ações necessárias. Nesta fase, coloca-se em prática o que os procedimentos determinam, mas para atingir sucesso é preciso que as pessoas envolvidas sejam competentes. A execução da atividade pode ser abordada em três pontos importantes:

- Treinar no trabalho o método a ser empregado;
- Executar o método;
- Coletar os dados para verificação do processo.

C de *Check* – Checar, verificar

Monitorar e medir os processos e produtos em relação aos objetivos e aos requisitos estabelecidos e relatar os resultados.

É nesta fase que se verifica se os procedimentos foram claramente entendidos e se estão sendo corretamente executados. Esta verificação deve ser contínua e pode ser efetuada, tanto através de sua observação quanto do monitoramento dos índices de qualidade e produtividade.

As auditorias internas de qualidade também são uma excelente ferramenta de verificação.

A de *Act* – Agir

Executar ações para promover continuamente a melhoria dos processos.

Se durante a checagem ou verificação for encontrada alguma anormalidade, este será o momento de agir corretivamente, atacando as causas que impediram que o procedimento fosse executado conforme planejado. Assim que essas falhas forem localizadas, as medidas corretivas deverão ser adotadas, isto é, as ações que vão evitar que o erro ocorra novamente.

Para Marshall Junior *et al.* (2010), ao girar o ciclo PDCA, uma vez que ele não tem fim, segundo conceito de melhoria, obtém-se um melhor desempenho em seus processos organizacionais. O autor descreve que existem adaptações do ciclo PDCA para o SDCA, onde o P (Planejamento) é substituído pelo S (*Standar* = Padrão), sinalizando que as atividades planejadas estão padronizadas, o que garante previsibilidade e competitividade, até um novo ciclo de planejamento aparecer.

CAPÍTULO 3.
SISTEMAS DE GESTÃO DA QUALIDADE

A Organização Internacional de Normalização ou Organização Internacional para Padronização, popularmente conhecida como ISO - *International Organization for Standardization* é uma entidade que congrega os grêmios de padronização/normalização de 162 países. Foi fundada em 23 de fevereiro de 1947, em Londres, Reino Unido, atualmente sua sede está localizada em Genebra, Suíça. A ABNT (1940) é membro fundador da ISO e é a representante do Brasil em diversos comitês para elaboração das normas técnicas, conhecidas como "NBR ISO – Normas Brasileiras ISO. Temos também o INMETRO – Instituto Nacional de Metrologia, Qualidade e Tecnologia,

As entidades que realizam os serviços de certificação de conformidade e de treinamento de pessoal são credenciadas pelo INMETRO, que possui diversos departamentos, entre eles a CGCRE – Coordenação Geral de Acreditação, responsável pela acreditação, considerando os critérios para a competência desses organismos (OCC – Organismo de Certificação Credenciado) que são baseados no ABNT NBR ISO/IEC 17021-1 e suas interpretações pelo IAF – *International Accreditation Forum* e IAAC – *Interamerican Accreditation Cooperation*. Assim, um OCC que possui competência para realizar auditorias em sistemas baseados nas normas NBR ISO Credencia-do pelo INMETRO, — importante lembrar que estamos falando em Sistemas Integrados de Gestão (SGI) —, servem para garantir a conformidade de processos considerados exitosos e não de pro-dutos, que devem ser produzidos conforme seu desenvolvimento e especificações de projetos. Inclusive, essa explicação pode ser vista de maneira sintética na figura 14, a seguir.

Figura 14 - Surgimentos das normas ABNT NBR ISO e credenciamento de certificadoras

Fonte: elaborado pelo autor (2024).

Temos que considerar que a ISO não realiza certificação. As organizações que buscam obter o certificado de um padrão ISO devem entrar em contato com um organismo de certificação in-dependente. A ISO *Survey* apresenta como informação o número de certificados emitidos por organismos de certificação que foram acreditados por membros do *International Accreditation Forum* (IAF) e estão apresentadas no quadro 1, a seguir.

Quadro 1 – Total de certificado por norma ISO, em janeiro de 2023

	Total valid certificates	Total number of sites
ISO 9001:2015	1.077.884	1.463.153
ISO 14001:2015	420.433	618.384
ISO 45001:2018	294.420	374.292
ISO IEC 27001:2013	58.687	101.794
ISO 22000:2005&2018	36.124	42.937
ISO 13485:2016	27.229	38.503
ISO 50001:2011&218	22.575	57.019
ISO 20000-1:2011&2018	11.769	13.998
ISO 37001:2016	2.896	7.982
ISO 22301:2012&2019	2.559	6.053
ISO 39001:2012	1.285	2.357
ISO 28000:2007	584	1.106
ISO 55001:2014	488	1.993
ISO 20121:2012	253	712
ISO 29001:2020	157	795
ISO 44001:2017	136	186

Fonte: ISO (2023).

Percebe-se que ao analisar os números do quadro 1 evidencia-se que a norma NBR ISO 9001:2015 possui 55,06% de todos os certificados emitidos no mundo, considerando os padrões apresentados pela ISO, o que fica evidente também é uma quebra de barreira a exportações, uma vez que esses certificados são aceitos em pelo menos 162 países.

Quando pensamos em empresários e empresas, independente de seu porte, temos as seguintes perguntas, apresentadas na figura 15, a seguir.

Figura 15 – O porquê de um sistema de gestão (SG)

Por que eu preciso de um sistema de gestão?
• Melhorar sua eficiência organizacional.
• Melhorar sua qualidade.
• Facilitar sua tomada de decisão.
• Conformidade regulatória.
• Fazer gestão de riscos.
• Melhorar sua comunicação e colaboração.

Fonte: elaborado pelo autor (2024).

Assim existem diversas razões para se implementar um sistema de gestão. Aqui apresentaremos com mais detalhes algumas questões que são consideradas importantes na figura 15:

• **Eficiência operacional**: Um sistema de gestão bem proje-tado pode aumentar a eficiência dos serviços operacionais de uma empresa automatizando tarefas, simplificando os fluxos de trabalho e atendendo a necessidade de realizar atividades repetitivas com mão de obra. Os funcionários podem se con-centrar em atividades de maior valor agregado e evitar erros e retrabalhos.

• **Melhoria da qualidade:** Um sistema de gestão pode aju-dar uma empresa a melhorar os produtos ou serviços que fornecem. Uma abordagem sistemática pode ser usada para estabelecer padrões de qualidade para monitorar o desempe-nho e identificar áreas de melhoria para corrigir. Isso pode aumentar a satisfação do cliente e aumentar a credibilidade do produto no mercado.

• **Tomada de decisões:** Um sistema de gestão pode auxiliar na tomada de decisões, fornecendo informações atualizadas e pertinentes. Os gestores podem tomar decisões estratégi-cas fundamentadas com dados e relatórios precisos para ver melhor o desempenho da empresa, descobrir tendências e analisar os resultados.

- **Conformidade regulatória:** Muitas empresas operam em setores que estão sujeitos a normas e regulamentos específicos. A empresa pode cumprir essas exigências através do sistema de gestão, que estabelece processos documentados, mantém registros adequados e demonstra a conformidade com os órgãos reguladores.
- **Gestão de riscos:** Um bom sistema de gestão possibilita que a empresa encontre e controle os riscos de forma proativa. A identificação de ameaças, avaliação de sua probabilidade, impacto e adoção de medidas preventivas ou de contingência são todos componentes desse processo. Isso evita perdas financeiras, problemas legais e danos à confiança da empresa.
- **Melhorias de comunicação e colaboração:** Um sistema de gestão pode ajudar os departamentos da empresa a se comunicarem e trabalharem juntos. Os funcionários podem trabalhar de forma mais integrada, aceitando os erros de comunicação e aumentando e eficiência das operações, compartilhando dados e documentos e definindo responsabilidades.

Essas são apenas algumas vantagens de usar um sistema de gestão, embora cada empresa tenha suas próprias necessidades, um sistema de gestão bem planejado pode dar às empresas uma vantagem competitiva, aumentar a eficiência, a qualidade, a conformidade e as tomadas de decisão. Além dos motivos mencionados, podemos enfatizar que é possível reduzir a disfunção, preparar uma empresa para o crescimento e aumentar a possibilidade de redução de custos. As características que podemos considerar básica em um sistema de gestão estão descritas na figura 16.

Figura 16 – Características de um sistema de gestão

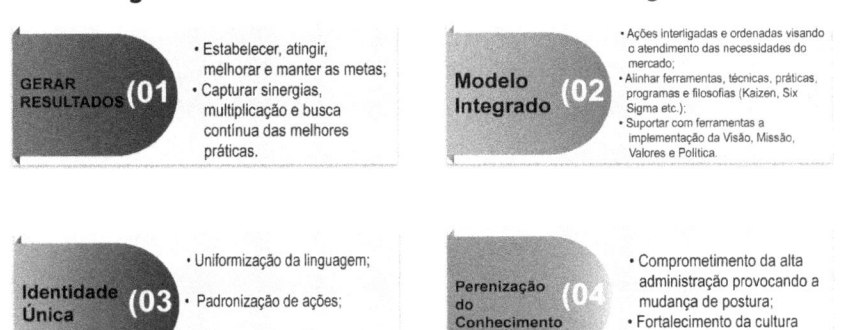

Fonte: elaborado pelo autor (2024).

Alguns pontos devem chamar a atenção de quem pretende implementar um SG, como conhecer e alinhar a cultura da organização nas mudanças e melhorias constantes; apoios da direção; investimento em capacitação e desenvolvimento das pessoas; disseminar uma visão sistêmica; compartilhar as estratégias dos KPI's em todos os envolvidos em sua gestão por diretrizes e aplicar uma constância de propósito em suas rotinas.

A seguir apresentam-se as características das 3 normas com maior número de certificações no mundo, segundo a ISO, como já foi apresentado anteriormente, nesse mesmo capítulo, no Quadro 1.

3.1 Conhecendo a família ABNT NBR ISO 9000

A família NBR ISO 9000 é tida como a mais importante norma relacionada à gestão da qualidade. Foi criada em 1987, com o objetivo de estabelecer critérios para a implantação de um sistema de gestão da qualidade.

Importante destacar que nem todas as normas ISO são para certificação, algumas são diretrizes (orientação).

Ela é formada pelas normas 9000 (diretriz), 9001 (certificável) e 9004 (diretriz) apresentadas no Diagrama de Venn, nº 1, cujo objetivo é otimizar os processos da gestão de qualidade de um produto ou serviço. Como observação aos novos ingressantes da disciplina "qualidade", o motivo para ir da NBR ISO 9001 para a NBR ISO 9004 é que as intermediárias foram canceladas, sendo substituídas pela NBR ISO 9001.

Diagrama de Venn 1 - Família ABNT NBR ISO 9000

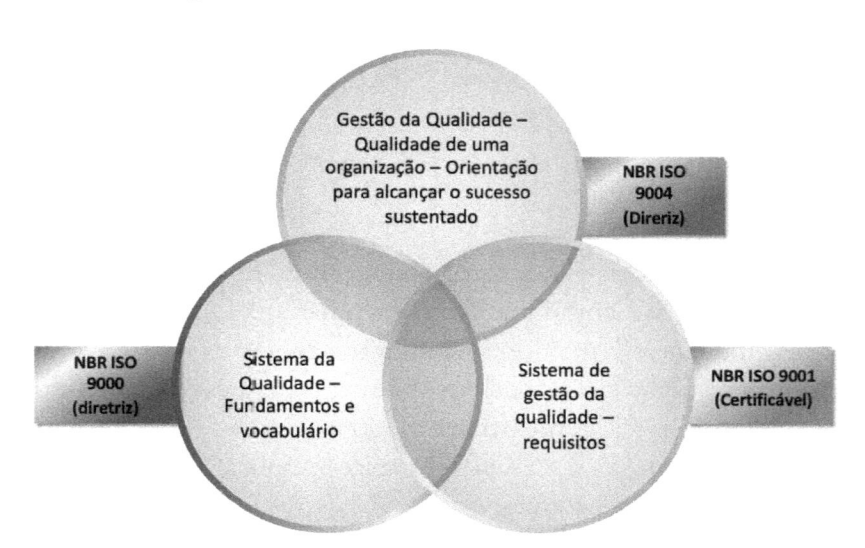

Fonte: elaborado pelo autor (2024).

Abordaremos agora a respeito das características de cada uma das normas da família NBR ISO 9000.

3.2 NBR ISO 9000 – vocabulário

Esta norma fornece os conceitos, princípios e vocabulário essenciais para os sistemas de gestão da qualidade (SGQ), bem como fornece a base para outras normas de SGQ, a fim de ajudar os usuários a entenderem o vocabulário básico, conceitos, princípios do sistema de gestão da qualidade (SGQ), atualizado globalmente, melhorando, assim, a comunicação por meio de uma compreensão comum do vocabulário em todas as normas de gestão da qualidade, cujos termos são aplicáveis.

Para ajudar as organizações a alcançarem seus objetivos, esta norma sugere um SGQ bem definido que se baseia em uma estrutura que integre conceitos fundamentais, princípios, processos e recursos relativos à qualidade. Ela funciona para qualquer organização, independentemente de seu tamanho, complexidade ou modelo de negócios. Seu objetivo é aumentar a conscientização da organização de seus deveres e comprometimento em atender às necessidades e expectativas de seus clientes e partes interessadas, a fim de garantir que seus produtos e serviços sejam satisfatórios.

Os interessados devem procurar a norma em sua íntegra, junto a ABNT (essa recomendação serve para todas as normas aqui citadas). Quanto as normas atualizadas, temos como exemplo, a ABNT ISO 9000 (2015) com seus vocabulários citados a seguir:

> **3.2.2 contextos da organização** – combinação de questões internas e externas que podem ter um efeito na abordagem da organização (3.2.1) para desenvolver e alcançar seus objetivos (3.7.1) (p. 13).
>
> **3.3.4 gestão da qualidade** – gestão (3.3.3) que diz respeito à qualidade (3.6.2). NOTA 1: gestão da qualidade pode incluir o estabelecimento de políticas da qualidade (3.5.9), objetivos da qualidade (3.7.2) e processos (3.4.1) para alcançar estes objetivos da qualidade por meio do planejamento da qualidade (3.3.5), da garantia da qualidade (3.3.6), do controle da qualidade (3.3.7) e da melhoria da qualidade (3.3.8) (p. 22).
>
> **3.4.2 projeto** – processo (3.4.1) único que consiste em um conjunto de atividades controladas e coordenadas, com datas de início e conclusão, realizado para alcançar um objetivo (3.7.1) em conformidade com requisitos (3.6.4) especificados, incluindo as limitações de prazo, custo e recursos (p. 24).

3.7.10 eficiência – relação entre o resultado alcançado e os recursos utilizados (p. 32).

3.7.11 eficácia – extensão na qual atividades planejadas são realizadas e resultados planejados são alcançados (p. 32).

3.8.3 evidência objetiva – dados (3.8.1) que apoiam a existência ou a veracidade de alguma coisa (p. 32).

3.10.4 competência – capacidade de aplicar conhecimento e habilidades para alcançar resultados pretendidos (p. 37).

3.13.1 auditoria – processo (3.4.1) sistemático, independente e documentado para obter evidência objetiva (3.8.3) e avaliá-la objetivamente para determinar a extensão na qual os critérios de auditoria (3.13.7) são atendidos (p. 41).

Essa norma também especifica os conceitos de 7 princípios da qualidade que são a base de um SGQ com sua justificativa, principais benefícios e ações possíveis, segundo a ABNT ISO 9000 (2015), como sendo:

1. **Foco no cliente:** todas as pessoas de uma empresa ou instituição devem desenvolver suas atividades, sejam administrativas, comerciais, financeiras ou operacionais, direcionadas para o objetivo único de garantir a satisfação total dos clientes. Conhecer os clientes; entender os clientes; atender suas expectativas e necessidades; avaliar seu grau de satisfação e comparar se o desempenho como a concorrência são diretrizes básicas deste princípio da qualidade. **Justificativa:** o sucesso da empresa é atingido com a retenção dos clientes. **Benefícios:** repetição do negócio; boa reputação da empresa; aumento de receita etc. **Ações possíveis:** entender as necessidades atuais e futuras dos clientes e divulgá-las entre os *stakeholders*; medir, monitorar e gerenciar as expectativas de todas as partes interessadas etc.

2. **Liderança:** os líderes criam engajamento entre os funcionários para alcançar os objetivos da qualidade da empresa. **Justificativa:** ter propósitos bem definidos auxilia a empresa e seus funcionários a alinharem suas estratégias e recursos

em direção aos objetivos definidos. **Benefícios:** aumentar a eficiência e a eficácia na realização dos objetivos de qualidade da organização; melhorar a coordenação dos processos da organização; melhorar a comunicação entre os níveis e funções da organização; e aumentar a capacidade da organização e de seu pessoal para alcançar os resultados esperados. **Ações possíveis:** comunicar a missão, visão, estratégia, políticas e processos da organização a todos os níveis; criar e manter valores compartilhados, imparcialidade e modelos éticos de comportamento em todos os níveis da organização; promover uma cultura de confiança e integridade; garantir que os líderes em todos os níveis sejam um bom exemplo para os funcionários; incentivar um engajamento com a qualidade na organização; fornecer aos funcionários os recursos, treinamento e autoridade necessários para atuar de acordo com a responsabilidade de executar as atividades e prestar contas; e reconhecer e inspirar o trabalho dos funcionários.

3. **Engajamento das pessoas:** pessoas engajadas são necessárias para melhoria da competitividade da empresa. **Justificativa:** respeito e participação de todos em uma organização são necessários para a gestão de alto desempenho. O reconhecimento, o empoderamento e o desenvolvimento de competências ajudam os funcionários a se envolverem no atingimento dos indicadores de alta qualidade da empresa. **Benefícios:** melhor compreensão dos objetivos de qualidade da organização e maior motivação para alcançá-los; maior envolvimento das pessoas em atividades de melhoria; maior iniciativa, criatividade e desenvolvimento pessoal; maior satisfação das pessoas; maior confiança e cooperação em toda a organização; e maior atenção aos valores e cultura compartilhados. **Ações possíveis:** encorajar a colaboração em toda a organização; facilitar a discussão aberta e o compartilhamento de ideias e experiências; incentivar as pessoas a identificar e aceitar a contribuição, aprendizado e aperfeiçoamento de

outras pessoas; permitir que as pessoas tomem iniciativas sem medo e identifiquem e aceitem a contribuição, aprendizado e aperfeiçoamento de outras pessoas; e permitir que as pessoas se desenvolvam.

4. **Abordagem de processos:** quando as atividades são entendidas e administradas como processos inter-relacionados que funcionam como um sistema coerente, os resultados consistentes e previsíveis podem ser alcançados de forma mais eficiente e eficaz. **Justificativa:** o SGQ consiste em vários processos interdependentes. Compreender como o sistema gera os resultados permite que uma organização otimize o sistema e seu desempenho. **Benefícios:** aumento da capacidade de concentrar esforços em processos principais e em oportunidades de melhoria; resultados consistentes e previsíveis através de processos alinhados; desempenho otimizado por meio de uma gestão do processo eficaz, do uso eficiente dos recursos e de barreiras interfuncionais reduzidas; permitir que a empresa forneça confiança às partes interessadas, no que diz respeito a sua consistência, eficácia e eficiência. **Ações possíveis:** estabelecer os objetivos do sistema e os processos necessários para alcançá-los; estabelecer autoridade, responsabilidade e responsabilização para a gestão de processos; compreender a capacidade da organização e determinar as limitações de recursos antes de agir; determinar as interdependências dos processos e analisar como modificações em processos individuais afetam o sistema como um todo; e gerenciar processos e suas inter-relações como um sistema; estabelecer os objetivos do sistema e os processos para alcançá-los; estabelecer autoridade, responsabilidade e gerenciar os processos e suas inter-relações como um sistema para atingir as metas de qualidade da organização de forma eficaz e eficiente; garantir que a informação necessária esteja disponível para operar e melhorar os processos, bem como monitorar, analisar e avaliar

o desempenho do sistema geral e administrar os riscos que impactam os resultados globais do SGQ.

5. **Melhorias:** Os resultados da qualidade de uma organização devem ser medidos. Este princípio propõe mudar sempre e para melhor. O esforço para atualização deve ser constante: novas normas, novas técnicas, novos materiais e novos conhecimentos. **Justificativa:** Para manter os níveis atuais de desempenho, reagir às mudanças internas e externas e criar oportunidades, uma organização deve continuar melhorando. **Benefícios:** melhor desempenho de processos, capacidade organizacional e satisfação do cliente; melhor foco na investigação e determinação da causa-raiz, seguida de prevenção e ações corretivas; melhor capacidade de antecipar e reagir a riscos e oportunidades internas e externas; melhor uso da aprendizagem para melhorias; e maior busca de inovação. **Ações possíveis:** apoiar o estabelecimento de objetivos de melhoria em toda a organização; ensinar e treinar os funcionários sobre como aplicar ferramentas e métodos básicos para alcançar esses objetivos; garantir que as pessoas sejam capazes de promover e concluir, com sucesso, projetos de melhoria; criar e desdobrar processos para implementar projetos de melhoria na organização; acompanhar, analisar criticamente e auditar os projetos de melhoria de planejamento, execução, conclusão e resultado; integrar o foco de melhoria no desenvolvimento de produtos, serviços e processos novos ou alterados e reconhecer e aceitar melhorias.

6. **Tomada de ações com base em evidências:** tomada de decisões considerando evidência em dados reais levantados, produzem um resultado mais próximo do desejado, uma vez que decisões feitas pelas percepções dos gestores, sem dados podem afetar negativamente os resultados pretendidos. **Justificativa:** a tomada de decisão é um processo complicado e sempre envolve dúvidas. De vez em quando, ele inclui uma variedade de tipos de entradas e fontes, além de sua inter-

pretação, que pode ser subjetiva. É fundamental entender as relações de causa e efeito, bem como as possíveis consequências imprevistas. A análise de fatos, evidências e dados aumenta a confiança e a objetividade na tomada de decisões. **Benefícios:** isso pode melhorar os processos de tomada de decisão; melhorar a avaliação do desempenho do processo e a capacidade de alcançar os objetivos; aumentar a eficiência e o desempenho das operações; e aumentar a capacidade de demonstrar a eficácia de decisões anteriores. **Ações possíveis:** identificar, medir e monitorar os principais indicadores que mostram a performance da organização; fornecer todos os dados necessários aos indivíduos pertinentes; garantir que os dados e as informações sejam precisos, confiáveis e seguros; usar métodos adequados para analisar e avaliar os dados e as informações; garantir que as pessoas sejam capazes de analisar e avaliar os dados e as informações, conforme necessário e equilibrar experiência e intuição para tomar decisões e executar ações baseadas em evidências.

7. **Gestão de relacionamentos:** gerenciar todas as partes interessadas para que se tenha processos sustentáveis. **Justificativa:** a gestão de relacionamentos com todas as partes interessadas de uma organização para maximizar o impacto sobre a performance aumenta a probabilidade de sucesso sustentado. É especialmente importante administrar as relações com seus parceiros e redes de provedores. **Benefícios:** melhorar o desempenho da organização e de suas partes interessadas ao responder às oportunidades e restrições relacionadas a cada parte interessada pertinente; aumentar a cooperação entre as partes interessadas e seus objetivos e valores; melhoria na capacidade de agregar valor para as partes interessadas através do compartilhamento de recursos e de competências e através da gestão dos riscos relacionados com a qualidade; uma cadeia de fornecimento bem gerenciada provendo um fluxo estável de produtos e serviços. **Ações possíveis:** identificar e

priorizar as partes interessadas pertinentes (como provedores, parceiros, clientes, investidores, empregados ou a sociedade como um todo) e suas relações com a organização; identificar e priorizar as relações com as quais é necessário lidar; estabelecer relações que equilibrem ganhos de curto prazo com preocupações de longo prazo; coletar e compartilhar recursos, informações e conhecimento especializado com as partes interessadas; medir a performance e fornecer retroalimentação sobre o desempenho para as partes interessadas para aumentar as iniciativas de melhoria; estabelecer desenvolvimento colaborativo e atividades de melhoria com provedores, parceiros e outras partes interessadas; encorajar e reconhecer as melhorias e conquistas de provedores e parceiros.

3.3 NBR ISO 9001 – sistema de gestão da qualidade – requisitos

A NBR ISO 9001 especifica os requisitos para um sistema de gestão da qualidade e exige que as organizações demonstrem sua capacidade para fornecer produtos que atendam aos requisitos crescentes dos clientes e aos requisitos legais aplicáveis. O objetivo é aumentar a satisfação do cliente por meio da aplicação eficaz do sistema, incluindo processos de melhoria do sistema e garantia de conformidade com os regulamentos.

Uma alteração que foi feita pensando em se obter um sistema integrado foi o anexo SL, um documento que criou uma estrutura inteligente, utilizada nas normas de gestões certificáveis, facilitando, assim, a integração de seus itens em 10 requisitos/itens/cláusulas, o aplicando de forma específica a cada norma inserida em seu sistema integrado, quando aplicável a uma organização.

Importante destacar que normas guias/diretrizes e normas de gestão, que não fazem parte da família ISO, podem ter estruturas diferentes do anexo SL, dificultando sua integração no Sistema Integrado de Gestão – SIG.

Dos itens 1 ao 3 têm-se informações orientativas. A partir do 4º requisito/item passam a se tornar diretrizes de implantação do SG, lembrando que esses requisitos estão em 162 países membros da ISO, assim, para cada organização, será necessária uma adequação ao seu sistema, ou seja, a sua cultura organizacional.

O Brasil está em número 10, na pontuação dos países com maior número de certificações, segundo a ISO (2023), conforme apresenta o quadro 2, a seguir.

Quadro 2 - Relação de países e número de certificados ISO 9001

Country	certificates	sites
China	426716	430065
Italy	92664	135550
Germany	49298	81550
Japan	40834	96808
United Kingdom of Great Britain and Northern Ireland★	39682	55622
India	36505	45255
Spain	31318	61813
United States of America	25561	42498
France	21918	60539
Brazil	16268	25386
Korea (Republic of)	14339	15089
Thailand	12711	18291
Romania	11886	14641
Malaysia	11610	15584
Czech Republic	11429	12580
Poland	10512	16575
Taiwan, Province of China	10379	14782
Colombia	10263	15210

Fonte: ISO (2023).

A seguir, apresentam-se quais são esses requisitos da estrutura inteligente do Anexo SL, na tabela 2.

Tabela 2 – Estrutura inteligente do anexo SL

Nr	ITENS	
1	Escopo	
2	Referências normativas	
3	Termos e definições	**CICLO PDCA**
4	Contexto da organização	
5	Liderança	P
6	Planejamento	
7	Apoio/suporte	
8	Operação	D
9	Avaliação de desempenho	C
10	Melhorias	A

Fonte: elaborado pelo autor (2024).

Alguns tópicos dos requisitos de 1 a 3 precisam ser explicados antes de falarmos das práticas de gestão dos requisitos de 4 a 10, estes são:

- Benefícios potenciais da norma NBR ISO 9001 – são apresentados na figura 17 a seguir.

Figura 17 – Benefícios potenciais da NBR ISO 9001

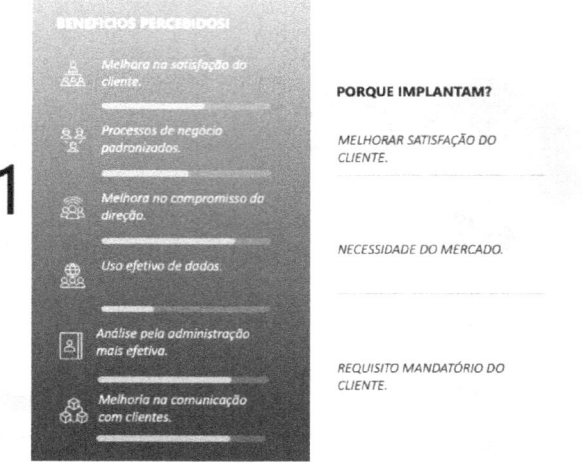

Fonte: elaborado pelo autor (2024).

- Ciclo PDCA: foi abordado anteriormente, mas aqui se destaca que as normas e gestão incorporaram o ciclo PDCA. Uma
organização pode usar o ciclo PDCA para garantir que seus
processos tenham recursos suficientes e sejam gerenciados
adequadamente, bem como para identificar oportunidades
de melhoria. A figura 18, a seguir, apresenta a ideia do ciclo
PDCA seguindo as diretrizes dessa norma.

Figura 18 – Sistemas de Gestão da qualidade com identificação do PDCA

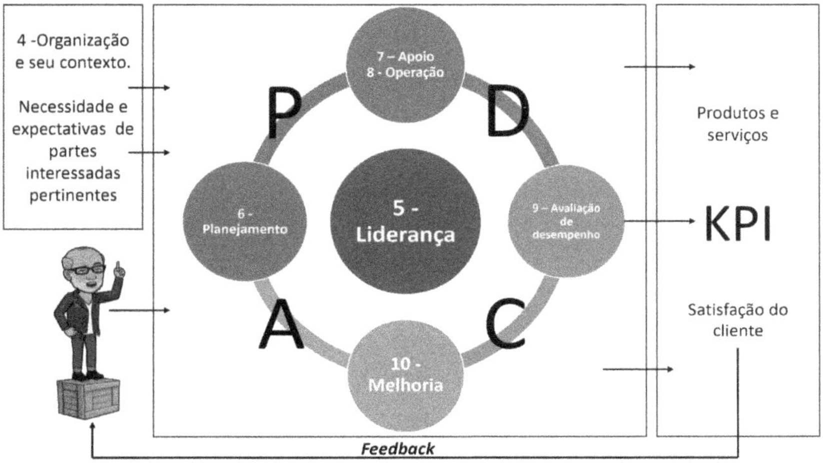

Fonte. adaptada da NBR ISO 9001 (2015).

Pode-se dizer que, na figura 18, se torna importante considerar a ideia de um sistema adaptável gerador de produtos, processos, informações e serviços, a qualquer empresa, independente de tamanho e da visibilidade que se tenha do produto concorrente e de sua prioridade sobre ele. Não adianta ter um excelente produto ou serviço, se o cliente não percebe esse valor. O consumidor faz parte de seu contexto externo, cuja liderança acompanha o planejamento dos produtos/serviços, considerando o contexto interno e externo, provento em seu apoio de recursos necessários para elaboração de uma operação que consiga atender aos anseios de todas as partes interessadas em seus produtos/serviços, que terão sua avaliação de desempenho, medidas através de seus KPI's, que fornecerão informações e dados, para que se possam melhorar seus processos, quando e onde necessário. Percebe-se que o nome disso é ciclo PDCA, um processo que não possui fim, refletindo uma busca constante de aprimoramento, para entregar bens e serviços que atendam à satisfação do cliente, dando continuidade sistêmica ao SGQ.

Princípios da qualidade – esta norma adota os princípios de qualidade abordados na NBR ISO 9000, para dar alicerce à implementação de um SG.

- **Abordagem de processos:** foi abordado anteriormente, mas, na norma, evidencia-se a importância em se entender as inter-relações dos processos, para que se possa aumentar a satisfação e atendimento aos clientes, possibilitando um aumento no desempenho global de uma organização. Segundo a ABNT ISO 9001 (2015, p. 9), uma gestão de processo proporciona: a) Entendimento e consistência no atendimento a requisitos: b) A consideração de processos em termos de valor agregado; c) O atingimento de desempenho eficaz de processo; d) Melhoria de processos baseada na avaliação de dados e informação.

- **Mentalidade de risco:** uma organização pode usar a mentalidade de risco para identificar os elementos que podem afetar os processos e o sistema de gestão da qualidade em relação aos resultados planejados, além de implementar controles preventivos para reduzir essas consequências e aproveitar melhor as oportunidades. Assim, uma organização precisa elaborar ações para abordar riscos e possibilidades, que seriam importantes para melhorar seu desempenho do SGQ e mitigar efeitos negativos dos perigos existentes.

  Na mentalidade de riscos é necessário responder às seguintes perguntas: Pode ocorrer alguma coisa errada? Quais as probabilidades de o desvio ocorrer? Se isso acontecer, quais as consequências (gravidade)? Como se pode mitigar essa ocorrência negativa? Pode-se usar o diagrama de Ishikawa para cada uma dessas perguntas como ação inicial.

  No item 2.3 deste livro, foram abordadas as normas de gestão de risco, assim, precisa desse item para estar em conformidade com os requisitos dessa norma, pois uma organização necessita planejar e implementar ações que abordem riscos e oportunidades.

Oportunidades podem surgir como solução de uma situação favorável ao atingimento de um resultado pretendido, por exemplo, um conjunto de circunstâncias que possibilite à organização atrair clientes, desenvolver novos produtos e serviços, reduzir desperdício ou melhorar a produtividade. Ações para abordar oportunidades podem também incluir a consideração de riscos associados. Risco é o efeito da incerteza e, qualquer incerteza, pode ter um efeito positivo ou negativo. Um desvio positivo proveniente de um risco pode oferecer uma oportunidade, mas nem todos os efeitos positivos do risco resultam em oportunidades.

Agora veremos, de forma simples, os elementos dos sistemas, que, no caso de maiores dados e informações, indico uma leitura na íntegra da NBR ISO 9001, em sua versão mais recente.

Requisito 4 – Contexto da organização

Estão relacionados à compreensão da organização, seu contexto operacional e os requisitos das partes interessadas. Ao atender a esses requisitos, a organização pode estabelecer uma estrutura robusta para desenvolver e implementar um SGQ eficaz e orientado para o sucesso. Aqui estão os principais conceitos deste requisito, segundo a NBR ISO 9001 (2019):

- **Questões externas e internas**: são os fatores ou condições positivas e negativas que influenciam a organização e seu propósito. Podem ser legais, tecnológicos, competitivos, de mercado, culturais, sociais e econômicos, determinando o propósito da empresa. Para uma melhor análise sobre os fatores externos e internos e determinar seu direcionamento estratégico, pode-se usar a análise de SWOT – *Strengths, Weaknesses, Opportunities e Threats*, que em português significa Forças, Oportunidades, Fraquezas e Ameaças, ou a análise PESTEL –

Político, Econômico, Social, Tecnológico, Ambiental e Legal. Esse é um requisito que está ligado à estratégia do negócio, portanto, ele não é estático, mas sim dinâmico.

- **Partes interessadas**: são indivíduos ou grupos que têm o potencial de serem recebidos ou influenciados pelo desempenho de uma organização. É possível que sejam clientes, provedores, colaboradores, acionistas, sociedades, governadores e assim por diante. A empresa deve identificar as partes interessadas relacionadas ao seu sistema de gestão da qualidade e determinar seus requisitos e expectativas. Isso inclui acionistas, clientes, funcionários, provedores, reguladores e outras partes interessadas, que são sustentadas pelo desempenho da empresa e devem ser atendidas dentro dos limites do SGQ.
- **Escopo do sistema de gestão da qualidade**: é onde os limites e aplicações do SGQ são definidos. Deve considerar o contexto da organização, seus processos, produtos e serviços, locais, partes interessadas pertinentes e requisitos legais e regulamentares. É necessário manter o escopo disponível, mantendo-o como informação documentada, para que a organização e suas partes interessadas considerem-no adequado.
- **Sistema de gestão da qualidade e seus processos**: é o conjunto de ações que uma empresa realiza para atingir suas metas de qualidade. A organização deve estabelecer, implementar, manter e melhorar o SGQ, bem como os processos e seus clientes (internos e externos) satisfeitos. As entradas e saídas dos processos, a sequência, uma interação, os recursos, as responsabilidades, os indicadores, os riscos e as oportunidades devem ser determinados pela organização para garantir que estejam de acordo com os requisitos.
- **Riscos e oportunidades:** a organização deve identificar os riscos e oportunidades relevantes ao seu contexto operacional e ao alcance do SGQ. Isso inclui considerar fatores internos e externos, que possam afetar a capacidade da organização de atingir seus objetivos e melhorar continuamente seu desempenho.

- **SGQ e processos externos:** a organização deve identificar os processos externos que são necessários para o funcionamento eficaz do SGQ. Isso pode incluir a interação com provedores, clientes, parceiros e outras partes externas interessadas.
- **Planejamento de ações:** com base na compreensão do contexto da organização, das necessidades das partes interessadas e dos riscos e oportunidades identificados, a organização deve planejar as ações necessárias para abordar essas questões de forma eficaz. Isso pode envolver a definição de objetivos da qualidade, planos de ação, alocação de recursos e estabelecimento de responsabilidades.

Obs.: Um tópico importante, mas discreto nesse requisito é que a empresa deve manter informações documentadas para auxiliar a elaboração de seus processos. Assim, quem define qual a documentação é a própria empresa. Esses documentos servem para retenção (registros) do sistema, com o intuito de garantir que as operações sejam realizadas com eficiência e eficácia.

Requisito 5 – Liderança

Liderança, além de ser um requisito, é um princípio essencial para um SGQ, por isso está no centro da figura 18, vista anteriormente, porque envolve o compromisso da alta direção com a satisfação do cliente, a melhoria e a cultura da qualidade na organização, com o intuito de envolver os funcionários em uma visão clara da direção estratégica, através de uma política de qualidade e seus objetivos, atribuição de responsabilidades e autoridades e fornecimento de recurso adequados para o SGQ. É um requisito necessário para o estabelecimento e manutenção de um sistema de gestão da qualidade eficaz.

A norma também destaca a importância da liderança em relação à responsabilidade e autoridade dentro da organização. A alta direção deve garantir que as responsabilidades e autoridades sejam atribuídas, comunicadas e entendidas dentro da organização. Além disso, a liderança deve promover a integridade organizacional, estabelecendo uma cultura de ética, transparência e conformidade.

Outro aspecto importante do requisito de liderança é o envolvimento da alta direção no estabelecimento, na implementação e manutenção do sistema de gestão da qualidade. A liderança deve fornecer recursos adequados para o sistema, promover a conscientização sobre a importância da qualidade e garantir a comunicação eficaz dentro da organização. Segundo a norma (ABNT NBR ISO 9001, 2015), a alta direção deve:

- Responsabilizar-se pela eficácia do SGQ;
- Garantir que a política da qualidade e os objetivos da qualidade sejam estabelecidos e compatíveis com o contexto e com a direção estratégica da organização;
- Assegurar a integração dos requisitos do SGQ nos processos de negócio da organização;
- Disseminar o uso da abordagem de processo e da mentalidade de risco para produtos, serviços e requisitos regulatórios, com o objetivo de aumentar a satisfação do cliente;
- Assegurar que os recursos necessários para o SGQ estejam disponíveis;
- Definir uma política de qualidade, que atenda ao seu direcionamento estratégico, que seja dinâmico e possa ser medido.
- Comunicar a importância de uma gestão da qualidade eficaz e de estar conforme com os requisitos do SGQ;
- Garantir que o SGQ alcance seus resultados pretendidos em seus processos, produtos, serviços e clientes;
- Engajar, dirigir e apoiar as pessoas a contribuir para a eficácia do SGQ;
- Promover a melhoria;
- Apoiar outros papéis pertinentes da gestão a demonstrar como sua liderança se aplica às áreas sob sua responsabilidade, assegurando a integridade do SGQ.

Requisito 6 – Planejamento

Aborda a importância do planejamento como base para uma gestão eficaz da qualidade estabelecendo uma abordagem sistemática para o planejamento das atividades necessárias, com o intuito de atingir os objetivos da qualidade e cumprir os requisitos do cliente, de maneira adequada, suficiente e eficaz para atender as exigências dos consumidores e expectativas dos *stakeholders* (partes interessadas) o que é essencial para o SGQ.

A organização deve determinar os riscos e oportunidades que precisam ser tratados para garantir que o sistema de gestão da qualidade alcance resultados desejados, aumente a satisfação do cliente e atinja a melhoria contínua. Isso envolve identificar os riscos que podem impedir o cumprimento dos objetivos da qualidade, bem como as oportunidades que podem beneficiar a organização. Ações apropriadas devem ser planejadas e implementadas para mitigar os riscos e aproveitar as possibilidades identificadas.

Ao planejar e executar ações para abordar esses riscos e oportunidades, uma organização avalia sua eficácia e decide integramente aos processos de Gestão de Riscos e Oportunidades (SGQ). O objetivo é prevenir ou reduzir os efeitos negativos e aproveitar as oportunidades do SGQ.

O requisito exige que os objetivos da qualidade e o planejamento sejam alcançados pela organização nas funções, níveis e processos pertinentes ao SGQ. Os objetivos da qualidade devem ser compatíveis com a política da qualidade, mensuráveis, pertinentes e relevantes para a conformidade dos produtos e serviços, bem como para aumentar a satisfação do cliente. Eles também devem ser monitorados, comunicados e atualizados quando necessário. Além disso, são indispensáveis planos para atingir esses objetivos. Esses planos devem incluir a proteção de quais recursos são necessários, a definição de quem tem responsabilidade e a criação de controle de avaliação do desempenho.

A empresa deve fazer um plano para atingir seus objetivos de qualidade, especificando o que será feito, quais recursos serão necessários, quem será responsável, quando o trabalho será concluído e como os resultados serão satisfatórios. O objetivo da qualidade é traduzir a política da qualidade em metas precisas e alinhadas na direção estratégica da organização. Esses objetivos são essenciais para avaliar o progresso da instituição e tomar medidas corretivas quando necessário.

Este requisito enfatiza a importância da preparação e supervisão de alterações que podem impactar o sistema de gestão da qualidade. A empresa deve determinar o objetivo das mudanças e seus efeitos potenciais, considerando de acordo com os requisitos do cliente e o sistema de gestão da qualidade, a disponibilidade de recursos e a distribuição ou redistribuição de responsabilidades e autoridades. Para adaptar o sistema às novas necessidades ou oportunidades da organização e manter sua eficácia e melhoria, as mudanças devem ser integradas de forma controlada e com uma comunicação eficaz entre todas as partes interessadas que sejam relevantes.

A organização tem mais chances de alcançar a melhoria contínua, atender aos requisitos do cliente e aumentar a eficiência operacional, abordando riscos e oportunidades e planejar as ações necessárias para alcançá-los. Além disso, o planejamento adequado de mudanças garante que elas sejam implementadas de forma controlada, minimizando os riscos e maximizando os benefícios para a organização, considerando fatores internos e externos que podem afetar seu desempenho.

Requisito 7 – Apoio

Aborda a necessidade de fornecer recursos para criar e melhorar o local de trabalho, tornando-o adequado para a operação eficaz de um sistema de gestão da qualidade.

A complexidade dos requisitos de suporte da NBR ISO 9001 varia conforme o tamanho, a categoria e o tipo de organização. Em geral, esse requisito requer uma variedade de tarefas relacionadas à gestão de provedores, processos, pessoas e informações. O planejamento, o monitoramento, a avaliação e a melhoria contínua são necessários para essas atividades, com o objetivo de garantir que os recursos sejam adequados e suficientes para as necessidades do SGQ e as expectativas dos clientes.

O requisito Apoio também requer uma comunicação efetiva entre as partes interessadas internas e externas envolvidas no SGQ. Portanto, esse requisito pode ser considerado um dos mais abrangentes e desafiadores da norma ISO 9001, pois sua implementação eficaz é necessária para garantir que a empresa tenha os recursos adequados, as pessoas competentes e a conscientização necessária.

O requisito Apoio, conforme a NBR ISO 9001 (2019), abrange os seguintes tópicos:

- **Recursos**: a organização deve determinar e fornecer recursos para o estabelecimento, implementação, manutenção e melhoria do sistema de gestão da qualidade. Isso inclui recursos humanos, infraestrutura, ambiente de trabalho adequado, recursos de monitoramentos, medição, financeiros, tecnologia, conhecimento organizacional e recursos externos. A disponibilidade e adequação desses recursos são fundamentais para a eficácia do SGQ. Para monitoramento e medição, os registros de sua realização devem ser mantidos, a fim de comprovar sua adequação ao propósito por laboratório acreditado pela Rede Brasileira de Calibração (RBC) e rastreabilidade determinada, sendo protegidos de danos e deterioração. Caso isso aconteça, devem ser tomadas ações apropriadas.

- **Competência**: de acordo com este tópico, uma empresa deve determinar as competências necessárias para os indivíduos que participam de atividades que impactam o desempenho e a eficácia do SGQ. A empresa deve garantir que essas pessoas tenham habilidades adequadas por meio de educação, treinamento ou experiência. Uma organização deve agir para adquirir as competências necessárias e depois avaliar sua eficácia. Isso inclui determinar as habilidades necessárias, fornecer treinamento adequado, avaliar os resultados do treinamento, recursos e manter registros de habilidades. Garantir que as pessoas sejam competentes e conscientes da qualidade também pode ser um desafio motivador e implementador de programas de treinamento e conscientização eficientes.

- **Conscientização**: a organização deve garantir que os indivíduos que realizam atividades sob seu controle tenham familiaridade com a política da qualidade, dos objetivos da qualidade, dos requisitos do cliente, de sua contribuição para uma eficácia do SGQ, dos benefícios da melhoria do desempenho e das consequências de não cumprir os requisitos do SGQ.

- **Comunicação**: a organização deve estabelecer processos eficazes de comunicação interna e externa, que sejam relevantes ao sistema de gestão da qualidade, incluindo o que, quando, com quem, como e quem comunica. Isso envolve garantir que as informações pertinentes sejam comunicadas de maneira adequada, compreendidas por todas as partes relevantes e registradas quando necessário.

  Além disso, deve criar processos de comunicação sólidos, especialmente em organizações que têm hierarquias ou estruturas de comunicação complexas. Isso ocorre porque é necessário manter o conhecimento organizacional da empresa, para garantir que seus processos atendam a produtos e serviços dentro de especificações.

- **Informação documentada**: este tópico estabelece os requisitos gerais para a criação e atualização da informação documentada necessária para o SGQ e para a operação dos processos. A informação documentada deve ser identificada, descrita, formatada, revisada e aprovada antes da sua emissão. A informação documentada também deve ser controlada para garantir sua disponibilidade, adequação, proteção, rastreabilidade, distribuição, armazenamento, recuperação, retenção e disposição.

A identificação e o fornecimento de recursos adequados para o sistema de gestão da qualidade são alguns dos elementos que podem exigir uma abordagem mais complexa para atender a esse requisito, especialmente em organizações que têm várias unidades de negócios ou localizações geograficamente distantes.

Requisito 8 – Operação

Aborda os requisitos relacionados à execução das atividades operacionais necessárias para produzir ou fornecer serviços, conforme as exigências do cliente de uma organização dentro do sistema de gestão da qualidade. Esse requisito é necessário para garantir a conformidade com as necessidades do cliente e a entrega de produtos ou serviços de qualidade.

A complexidade do requisito 8, da NBR ISO 9001, depende do tamanho, do tipo e da natureza da organização. Em geral, esse requisito envolve uma série de atividades sincronizadas, relacionadas à execução dos processos que geram valor para os clientes dentro da organização, isso pode ser desafiador, especialmente em instituições grandes e complexas. Essas atividades exigem planejamento, controle, verificação, validação, monitoramento, medição, análise crítica e melhoria contínua para garantir que os produtos e serviços estejam de acordo com as condições especificadas. O requisito 8 também requer uma comunicação efetiva entre a organização e os clientes, bem como entre a organização e os provedores externos.

O requisito 8, da ABNT NBR ISO 9001 (2019), refere-se à operação do sistema de gestão da qualidade (SGQ) e se divide em tópicos, como veremos a seguir:

- **Planejamento e controle operacional**: a empresa deve planejar, implementar e controlar os processos para atender aos requisitos do cliente e garantir a conformidade dos produtos e serviços. Isso inclui a determinação de critérios de aceitação, estabelecimento de atividades de verificação e validação, além de avaliação e seleção de provedores. A organização deve determinar os critérios e métodos para a operação, assegurar a disponibilidade dos recursos, controlar as saídas planejadas, implementar as ações de monitoramento e medição, abordar os riscos e oportunidades e controlar as mudanças planejadas. A organização deve também controlar as atividades não planejadas que ocorrem durante a operação e tomar ações corretivas quando necessário.

- **Requisitos para produtos e serviços**: este tópico estabelece que a organização deve comunicar aos clientes sobre as informações declaradas e não declaradas, relativas aos produtos e serviços, além de determinar os requisitos para os mesmos, incluindo os estatutários e regulamentares, analisando-os criticamente, a fim de controlar as mudanças nos requisitos para os produtos e serviços. Na existência de alguma emenda (mudança), as pessoas envolvidas devem ser informadas. A organização deve garantir que os requisitos sejam definidos, acordados e atendidos, visando aumentar a satisfação do cliente, através da análise das exigências, a comunicação com o cliente e a documentação das especificações acordadas.

- **Projeto e desenvolvimento de produtos e serviços**: quando aplicável, a organização deve planejar e controlar o projeto e desenvolvimento de produtos e serviços para atender aos requisitos do cliente. A organização deve determinar as fases do projeto e desenvolvimento, como as entradas, os controles, as saídas e as mudanças ao longo do projeto. A empresa deve garantir que os resultados do projeto e desenvolvimento atendam aos requisitos de entrada, sejam adequados para o uso pretendido, sejam aprovados antes da liberação e mantidos como informação documentada através de registros. Isso inclui a análise crítica dos requisitos, a definição de características do produto, a verificação e validação do projeto, além do controle de alterações e ações tomadas para prevenir impactos adversos.

- **Controle de processos, produtos e serviços providos externamente**: este tópico estabelece que a organização deve garantir que os produtos e serviços fornecidos externamente estejam em conformidade com os requisitos especificados. A organização deve definir os controles a serem aplicados aos provedores externos e aos produtos e serviços fornecidos por eles. Isso envolve a seleção e avaliação de provedores, e a manutenção desses registros, existindo a necessidade de comunicação dos requisitos e a monitorização do desempenho, de maneira adequada, garantindo que atendam aos requisitos e que forneçam produtos e serviços de qualidade. A organização deve reter informações documentadas sobre esses controles e sobre quaisquer alterações nos produtos e serviços fornecidos externamente.

A organização deve controlar a produção e a provisão de serviço, de acordo com os critérios especificados. Isso inclui a disponibilidade de recursos, o treinamento adequado dos funcionários, o monitoramento e a medição do processo, além do controle de mudanças. A organização deve controlar a identificação e rastreabilidade dos produtos e serviços, a propriedade pertencente aos clientes ou provedores externos, a preservação dos produtos e serviços, as atividades pós-entrega dos produtos e serviços e o controle das saídas, não conformes, dos produtos e serviços.

A organização deve controlar também a identificação única das saídas para possibilitar a rastreabilidade, se necessário, tomando todos os cuidados com propriedades pertencentes a clientes ou provedores. Em caso de perda ou dano, uma comunicação imediata é necessária, sempre retendo registros delas.

Na existência de qualquer mudança de resultado de análises críticas, as pessoas que autorizam mudanças e suas ações devem manter registros.

- **Liberação de produtos e serviços**: este tópico estabelece que a organização deve fazer com que funcione as atividades planejadas para verificar que os produtos e serviços sejam liberados, para entrega ou uso, somente quando forem verificados quanto à conformidade com os requisitos especificados. Isso inclui a avaliação de resultados de atividades de verificação, registro da liberação e controle de produtos e serviços não conformes. A organização deve reter informações documentadas (registros) sobre as evidências de conformidade dos produtos e serviços com os critérios de aceitação e sobre a autorização da liberação dos produtos e serviços.
- **Controle de saídas não conformes**: quando produtos ou serviços não conformes forem identificados, devem ser feitas correções; segregação, contenção, retorno ou suspensão de entrega de produtos ou matérias-primas, além de ser necessário informar ao cliente o mais rápido possível ou obter concessão de autorização de aceitação, mantendo registros dessas informações.

Requisito 9 – Avaliação de desempenho

Em geral, este tópico envolve uma série de atividades relacionadas à verificação dos resultados obtidos pelo SGQ em relação aos objetivos estabelecidos. Essas atividades exigem métodos sistemáticos e adequados para coletar, analisar e interpretar dados relevantes para o desempenho do SGQ. O tópico 9 também requer uma participação ativa da alta direção na avaliação do SGQ e na tomada de decisões para sua melhoria contínua. Portanto, pode ser considerada uma atividade importante e complexa da norma NBR ISO 9001.

O requisito 9, da NBR ISO 9001(2019), refere-se à avaliação de desempenho do sistema de gestão da qualidade (SGQ). Ele se divide em tópicos como veremos a seguir:

- **Monitoramento, medição, análise e avaliação**: este tópico estabelece que a empresa deve definir o que, como, quando e por quem o desempenho e a eficácia do SGQ devem ser monitorados, medidos, analisados e avaliados. Isso inclui a coleta de dados relevantes, precisa e significativa à análise e interpretação desses dados, e à avaliação do desempenho em relação aos objetivos da qualidade e aos requisitos do cliente; e requer uma abordagem sistemática. Isso pode envolver o uso de indicadores de desempenho, a definição de metas de melhoria e a análise de tendências ao longo do tempo. A organização deve reter informações documentadas sobre os resultados dessas atividades. A instituição deve avaliar a percepção do cliente, a conformidade dos produtos e serviços, o desempenho dos processos e dos provedores externos e a eficácia das ações tomadas para abordar os riscos e oportunidades.

- **Auditoria interna**: este tópico estabelece que a organização deve realizar auditorias internas em intervalos planejados, conduzidas por pessoas, independentes das áreas auditadas, para verificar se o SGQ está em conformidade com os requisitos da norma, com as exigências próprias da organização e com as obrigações legais e regulamentares aplicáveis. A organização deve, também, verificar se o SGQ é implementado e mantido de forma eficaz. A instituição deve planejar, conduzir, relatar e acompanhar as auditorias internas, considerando o status e a importância dos processos e das áreas auditadas, bem como os resultados de auditorias anteriores. A organização deve definir os critérios, o escopo, a frequência e os métodos de auditoria. A organização deve selecionar os auditores e conduzir a inspeção em todas as áreas relevantes envolvidas, de forma a garantir a objetividade e a imparcialidade do processo de auditoria. A organização deve garantir que os resultados dessas checagens sejam relatados às pessoas responsáveis pela área auditada e que as ações corretivas sejam tomadas sem demora, com o intuito de eliminar as não conformidades detectadas. A organização deve reter informações documentadas sobre o programa de auditoria e sobre os resultados das mesmas.

- **Análise crítica pela direção**: este tópico estabelece que a alta direção deve analisar criticamente o SGQ em intervalos planejados para assegurar sua contínua adequação, suficiência, eficácia e alinhamento com a direção estratégica da organização. A análise crítica pela direção deve considerar as informações de análises anteriores, no caso de alguma pendência, informações relevantes sobre o desempenho e a eficácia do SGQ, incluindo as tendências de satisfação do cliente, conformidade dos produtos e serviços, desempenho dos processos e dos fornecedores externos, auditorias internas e externas, eficácia das ações tomadas para abordar os riscos e oportunidades de melhoria, mudanças no contexto externo e interno da organização e necessidades de recursos. A análise crítica pela direção deve resultar em decisões e ações relacionadas à melhoria e eficácia do SGQ, à melhoria do desempenho dos produtos e serviços, à necessidade de mudanças no SGQ e aos recursos necessários. A organização deve reter registros com informações documentadas sobre os resultados/saídas da análise crítica pela direção.

Requisito 10 – Melhoria

Trata dos requisitos relacionados à melhoria contínua do sistema de gestão da qualidade. Essa cláusula enfatiza a importância de identificar oportunidades de melhoria, implementar ações corretivas e preventivas, além de promover a inovação dentro da organização.

O Requisito 10, da NBR ISO 9001, refere-se à melhoria do sistema de gestão da qualidade (SGQ). Ele se divide em tópicos, que veremos a seguir:

- **Generalidades**: este tópico estabelece que a organização deve determinar e selecionar oportunidades para melhoria e implementar quaisquer ações com abordagem sistemática, necessária para atender aos requisitos dos clientes e aumentar a satisfação do público. Essas devem incluir: melhoria dos produtos e serviços para atender aos requisitos, definir responsabilidades e promover uma cultura de aprendizado e inovação, assim como abordar futuras necessidades e expectativas; corrigir, prevenir ou reduzir os efeitos indesejados; melhoria no desempenho e a eficácia do SGQ.

- **Não conformidade e ação corretiva**: este sub-requisito estabelece que pode ser desafiador que a organização deva reagir as não conformidades, tomar ações para controlá-las e corrigi-las. A organização deve, também, avaliar a necessidade de identificar e eliminar as causas das não conformidades, de forma a evitar sua repetição ou ocorrência em outros processos. Isso envolve a identificação da não conformidade, avaliação da sua gravidade, determinação das causas raízes, implementação das ações corretivas, verificação da eficácia dessas ações e o registro dos resultados. A organização deve implementar quaisquer ações necessárias, analisar criticamente sua eficácia e atualizar os riscos e oportunidades, conforme necessário. A instituição deve reter informações documentadas sobre as não conformidades, as ações tomadas e os resultados das ações corretivas.

  - **Melhoria contínua**: este sub-requisito estabelece que a organização deve melhorar continuamente a adequação, a suficiência e a eficácia do SGQ. A organização deve considerar os resultados da análise e avaliação do desempenho do SGQ, bem como as saídas da análise crítica pela direção, para determinar se há necessidade ou oportunidade de fazer mudanças no SGQ, incluindo-as na política e nos objetivos da qualidade. Isso engloba o monitoramento do sistema de gestão da qualidade, a análise de dados relevantes, a implementação de ações preventivas e a promoção da inovação.

- **Identificação de oportunidades de melhoria**: identificar áreas específicas que possam ser melhoradas dentro da organização, requer um processo estruturado de avaliação e análise. Isso pode envolver a coleta e análise de dados, a realização de análises críticas e a obtenção de *feedback* dos clientes e partes interessadas.

  Promover uma cultura de melhoria contínua e inovação dentro da organização pode exigir mudanças na mentalidade e nas práticas de trabalho. Isso pode envolver a conscientização e a participação de toda a equipe, a criação de canais de comunicação eficazes e a promoção da aprendizagem organizacional.

Terminamos, aqui, uma abordagem conceitual do entendimento aos requisitos da NBR ISO 9001. Para as normas certificáveis, a seguir, considerando o anexo SL, serão identificadas as peculiaridades de cada uma, e não a repetição dos conceitos que são comuns à estrutura inteligente desenhada pela ISO.

3.4 NBR ISO 9004 – qualidade de uma organização – orientação para alcançar o sucesso sustentado

Pode-se dizer que é uma norma complementar à NBR ISO 9001, que fornece orientações para a melhoria contínua do desempenho organizacional, e também aborda aspectos além dos requisitos da NBR ISO 9001.

O objetivo principal da norma NBR ISO 9004 (2018) é uma diretriz não certificável que fornece orientações para organizações que buscam a excelência no desempenho, levando em consideração as necessidades e expectativas das partes interessadas, incluindo clientes, funcionários, fornecedores e a sociedade como um todo. A norma visa auxiliar as organizações a alcançarem a satisfação do cliente, o sucesso sustentado e a melhoria contínua em todos os aspectos de sua operação. A norma baseia-se nos princípios de gestão da qualidade da NBR ISO 9000 e é consistente com os requisitos da

NBR ISO 9001. A norma NBR ISO 9004 (Diretriz), assim como a NBR ISO 9001(certificável), é aplicável a qualquer organização, independentemente de seu tamanho, tipo ou atividade.

A norma NBR ISO 9004 aborda o conceito de qualidade de uma organização, que é a capacidade da instituição de satisfazer as necessidades e expectativas de seus clientes e outras partes interessadas pertinentes, levando em consideração o contexto estratégico, legal, social, ambiental e econômico em que opera. A norma também aborda o conceito de identidade de uma organização, que é o conjunto de características que definem a visão, a missão, os valores, a cultura e a imagem da organização.

A norma NBR ISO 9004 trata de uma ampla gama de tópicos e oferece orientações práticas sobre como melhorar o desempenho organizacional em várias áreas, incluindo liderança, estratégia, gestão de pessoas e de processos, relacionamento com clientes, gestão de recursos e da informação.

Além disso, a norma também aborda a importância da cultura organizacional, da aprendizagem contínua e da inovação para impulsionar a melhoria constante e alcançar a excelência no desempenho.

A norma NBR ISO 9004 utiliza uma abordagem baseada em processos para gerenciar a qualidade de uma organização. Ao seguir as orientações da norma NBR ISO 9004, as instituições podem se beneficiar de várias maneiras, como apresenta a figura 19.

Figura 19 – Benefícios da NBR ISO 9004

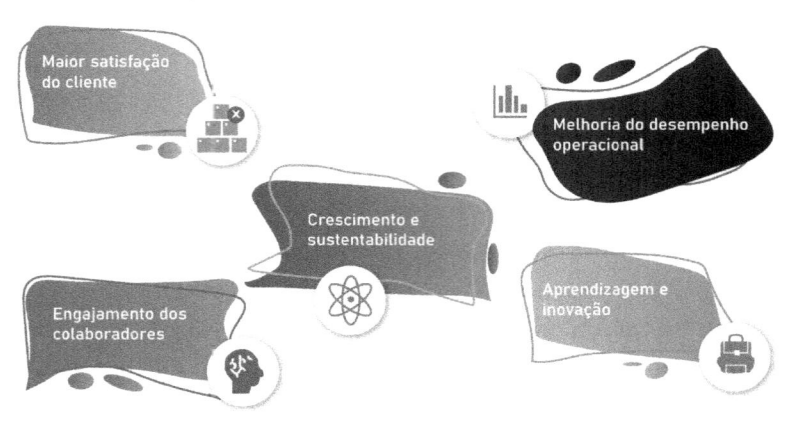

Fonte: elaborado pelo autor (2024).

Pode-se entender esses benefícios como:

1. **Maior satisfação do cliente**: ao adotar uma abordagem de melhoria contínua e enfocar a satisfação do cliente, as organizações podem entender melhor as necessidades e expectativas dos consumidores e oferecer produtos e serviços que atendam ou excedam suas expectativas.

2. **Melhoria do desempenho operacional**: a norma ISO 9004:2018 fornece orientações sobre como melhorar os processos internos, aumentar a eficiência operacional, reduzir custos, eliminar desperdícios e otimizar o uso de recursos.

3. **Crescimento e sustentabilidade**: ao adotar uma abordagem de melhoria contínua e buscar a excelência no desempenho, as organizações podem fortalecer sua posição no mercado, identificar novas oportunidades de negócios, melhorar a reputação e garantir a sustentabilidade em longo prazo.

4. **Engajamento dos colaboradores**: a norma NBR ISO 9004:2018 destaca a importância do envolvimento e capacitação dos colaboradores, promovendo um ambiente de trabalho positivo, estimulando a colaboração e incentivando a contribuição ativa de todos os membros da equipe.

5. **Aprendizagem e inovação**: a norma NBR ISO 9004:2018 incentiva as organizações a promoverem a aprendizagem contínua e a busca por melhorias e inovações em todos os aspectos do negócio. Isso inclui o desenvolvimento de novos produtos, a implementação de tecnologias avançadas, a adoção de melhores práticas e a busca por soluções criativas para desafios organizacionais.

A ABNT NBR ISO 9004 (2019, p. vii) destaca que:

> O foco da Alta Direção na capacidade da organização para atender às necessidades e expectativas de clientes e outras partes interessadas pertinentes provê confiança em alcançar o sucesso sustentado. Este documento aborda a melhoria sistemática do desempenho geral da organização. Isso inclui o planejamento, a implementação, a análise, a avaliação e a melhoria de um sistema de gestão eficaz e eficiente.
> Fatores que afetam o sucesso de uma organização continuamente surgem, evoluem, aumentam ou diminuem ao longo dos anos e, adaptar-se a estas mudanças, é importante para o sucesso sustentado. Exemplos incluem responsabilidade social, fatores ambientais e culturais, além daqueles que poderiam ter sido previamente considerados, como eficiência, qualidade e agilidade; tomados em conjunto, estes fatores são parte do contexto da organização.
> A capacidade de alcançar o sucesso sustentado é elevada por gestores em todos os níveis que aprendem e compreendem o contexto em evolução da organização. Melhoria e inovação também apoiam o sucesso sustentado.

A norma ABNT NBR ISO 9004 (2019) fornece uma autoavaliação em seu anexo "A" para analisar criticamente a extensão em que a organização implementou os critérios aqui descritos.

Essa norma apresenta o modelo adaptado apresentado na figura 19, diferente da que se estudou até agora, vamos ver uma adaptação dela, a seguir.

Figura 20 – Sistemas de Gestão: estrutura da NBR ISO 9004

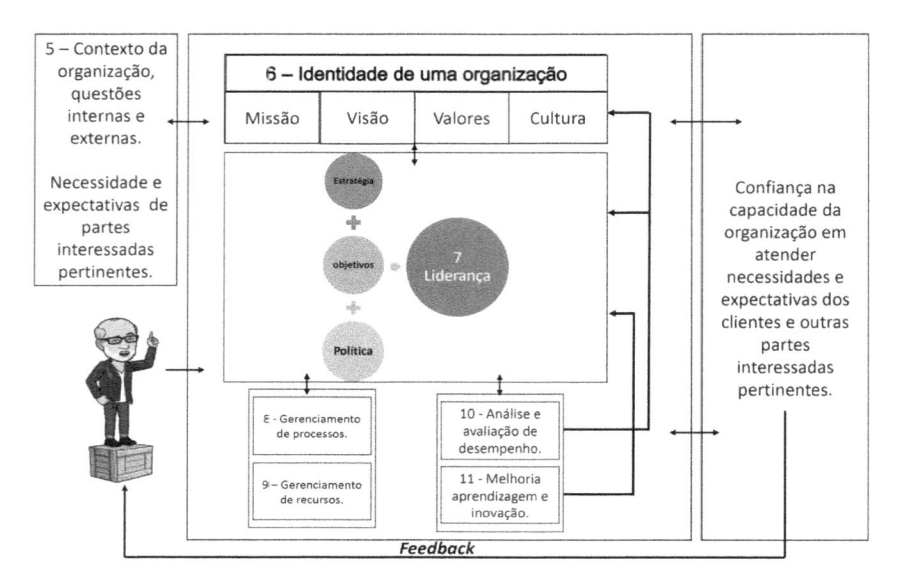

Fonte: adaptada de ABNT NBR ISO 9004 (2019).

A figura 20 apresenta a incorporação dos elementos essenciais para um sucesso sustentado. Para atender as necessidades do cliente e das partes interessadas, a liderança inclui, em sua estratégia, objetivos (KPI´s) e política da identidade da organização (Missão, Visão Valores e Cultura), para obter resultados eficazes em seu gerenciamento de processo, recurso, análise e avaliação de desempenho, melhoria, aprendizagem e inovação, alinhadas a sua identidade, atendendo às necessidades e expectativas do cliente e das partes interessadas de maneira sustentável.

A partir de agora, a leitura e reflexão sobre os sistemas de gestão referem-se aos requisitos da ABNT NBR ISO 9004 (2015), lembrando que ela não precisa obedecer ao anexo SL, uma vez que é uma diretriz, embora tenha os seguintes requisitos iniciais iguais, que são para uma implantação voluntária, sem retenção de certificação. O seu requisito 1 aborda escopo, o 2 aborda referências normativas, enquanto o 3 trata de termos e definições. São todos iguais, assim este livro abordará os requisitos a partir do número 4, apresentando suas diferenças, uma vez que a NBR ISO 9001 é uma norma certificável em que todas as empresas, obrigatoriamente, precisam implementar todos os requisitos. No caso da diretriz NBR ISO 9004, existem recomendações para que as empresas alcancem o desenvolvimento sustentável sem nenhuma imposição, somente recomendações.

Requisito 4 – Qualidade de uma organização

A norma ABNT NBR ISO 9004 é um documento que fornece diretrizes para a gestão de organizações com o objetivo de alcançar o sucesso sustentado.

Para a ABNT NBR ISO 9004 (2019), o grau em que as características inerentes de uma organização atendem às necessidades e expectativas de seus clientes e outras partes interessadas em alcançar o sucesso sustentado é conhecido como qualidade da organização. A responsabilidade recai sobre uma organização para determinar o que é necessário para alcançar o sucesso duradouro.

Recomenda-se que a empresa deva ir além da qualidade de seus produtos e serviços e atender às necessidades e expectativas de seus clientes. Para atingimento do sucesso sustentado, uma organização pode se concentrar em antecipar e atender às necessidades e expectativas de suas partes interessadas, melhorando sua satisfação e experiência geral.

Para obter o sucesso sustentado, uma empresa pode aplicar todos os princípios de gestão da qualidade. Para atender as diferentes necessidades e desejos das partes interessadas, recomenda-se prestar atenção, especialmente, aos princípios de "**foco no cliente**" e "**gestão de relacionamento**".

As necessidades e expectativas de partes individuais interessadas podem ser diferentes, quando identificadas ou em conflito com outras partes interessadas, podem mudar rapidamente. As necessidades e expectativas das partes interessadas podem ser expressas e atendidas de várias formas, como cooperação, negociação, terceirização ou encerramento de uma atividade. Como resultado, ao abordar suas necessidades e expectativas, uma organização deve considerar as inter-relações de suas partes interessadas.

A ABNT NBR ISO 9004(2019), fornece um exemplo interessante sobre as necessidades e expectativas, adaptado na figura 21.

Figura 21 – Exemplos de partes interessadas e suas necessidades e expectativas

Partes interessadas	Parceiros/ Fornecedores	Sociedade	Empregados	Sócios	Clientes	Outros
Necessidades e expectativas	Parceria sustentável.	Proteção ambiental e responsabilidade social.	Qualidade de vida no trabalho.	Crescimento sustentável e lucratividade.	Qualidade de produtos e serviços.	Como apropriado ao setor, ou outras partes interessadas.

Fonte: ABNT NBR ISO 9004 (2019).

Uma organização tem alto padrão e pode ter sucesso duradouro atendendo às necessidades e expectativas de suas partes interessadas em longo prazo. O plano de longo prazo deve ser apoiado por objetivos de curto e médio prazo.

Para alcançar o sucesso contínuo, a alta direção de uma empresa, conforme a ABNT NBR ISO 9004 (2019), pode:

a) Monitorar, avaliar e analisar criticamente o contexto da organização, identificando todas as partes atendidas para determinar suas necessidades e expectativas, bem como seus possíveis impactos no desempenho da organização;

b) Estabelecer, implementar e divulgar os valores, visão e missão da organização, bem como promover uma cultura compatível;

c) Avaliar oportunidades e riscos de curto e longo prazo;

d) Determinar, implementar e comunicar as metas, estratégias e políticas da organização;

e) Identificar os processos relevantes e administrá-los para que funcionem em um sistema consistente;

f) Administrar os recursos da organização para que seus processos alcancem os resultados esperados;

g) Observar, avaliar e analisar criticamente o desempenho da organização;

h) Criar um processo de melhoria, aprendizado e inovação, para fortalecer a capacidade da organização de reagir às mudanças dentro do contexto da organização.

A figura 22, a seguir, apresenta os ganhos ao considerar as expectativas e partes interessadas no SGQ.

Figura 22 – Ganhos ao considerar os *Stakeholders*

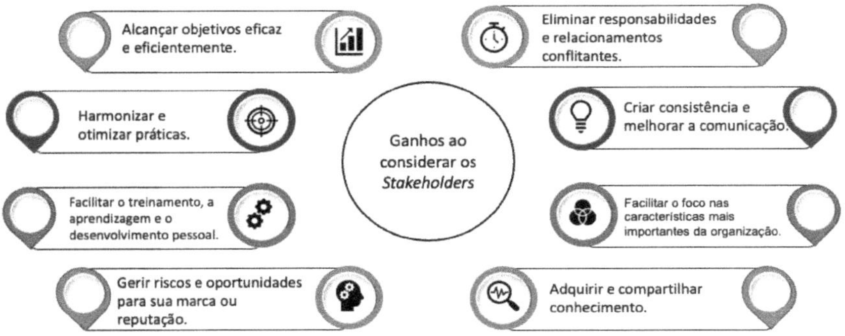

Fonte: adaptado de ABNT NBR ISO 9004 (2019).

Requisito 5 – Contexto da organização

A norma descreve que a organização possui fatores que influenciam a possibilidade de atingir o desenvolvimento sustentável. Esses fatores são descritos como partes interessadas e relacionados a questões externas e internas.

As "partes interessadas", que podem afetar a capacidade de se alcançar a sustentabilidade, precisam ser determinadas, uma vez que estas podem se tornar um risco e ou fornecer oportunidades para sua sustentabilidade, portanto, ao se estabelecer processos e relacionamentos contínuos, pode-se obter melhor desempenho em seus objetivos (KPI's), com maior estabilidade.

As "questões internas", nesse caso, são conhecidas como fatores que acontecem dentro da organização e que podem afetar sua capacidade de ser sustentável como: tamanho, complexidade, atividade, processos, estratégia, produto ou serviço, recurso, inovação etc. As "questões externas" são os fatores que existem fora da organização e que podem atrapalhar seu sucesso sustentável tais como: requisitos legais, concorrências, globalização, fatores sociais, econômicos, políticos culturais, inovações e avanços na tecnologia etc.

Convém que a empresa insira esses dados de conhecimento e experiência em sua estratégia de sustentabilidade, identificando os riscos e oportunidades correlatas ao cenário presente e futuro, e escolhendo quais processos precisam ser abordados, analisados e monitorados, para mitigar os riscos e potencializar as oportunidades.

Requisito 6 – Identidade de uma organização

A identidade de uma organização tem como base sua missão (propósito de sua existência), visão (o que a empresa pretende ser), valores (princípios que dão apoio à missão e visão) e cultura organizacional (crenças, ética, comportamentos etc.).

É necessário que a cultura organizacional seja alinhada a sua missão, visão, valores, questões internas e externas, para análise crítica e seu alinhamento estratégico, com o intuito de alcançar e manter sua sustentabilidade. Quando existirem mudanças entre os elementos de identidade, elas deverão ser devidamente divulgadas às partes interessadas.

Requisito 7 – Liderança

Este requisito orienta sobre as seguintes atribuições de uma liderança. São elas:

a) Para se atingir a sustentabilidade, a liderança deve promover a missão, visão, valores e cultura da empresa;

b) Criar um local de trabalho, onde os funcionários se comprometam e fiquem engajados com os objetivos da empresa; e

c) Estimular os gestores organizacionais a atingirem os objetivos definidos em cada área ou processo.

Além disso, a liderança precisa demonstrar comprometimento com a identidade organizacional; a divulgação da cultura de confiança, integridade e comportamento ético; a definição e manutenção do trabalho em equipe; os recursos e autoridade necessária para as pessoas, além do monitoramento dos resultados; o reforço dos valores individuais e coletivos; e a comunicação dos resultados internos e externos, discutindo questões que tenham impacto geral e estimulem o desenvolvimento da liderança na organização.

Convém que a liderança elabore uma política da organização, onde sejam definidas as intenções e o curso de ação para temas como *compliance*, qualidade, energia, emprego, saúde e segurança ocupacional, qualidade de vida no trabalho, inovação, segurança, privacidade, proteção de dados e experiência do cliente. As declarações de políticas devem incluir compromissos para atender às necessidades e expectativas das partes interessadas e promover melhorias.

A liderança pode usar como estratégia um modelo conhecido e disponível no mercado, ou criar e implementar um modelo exclusivo para sua empresa. Após a escolha é fundamental manter a solidez do modelo como base para a gestão da organização, refletindo sua identidade, sua visão de futuro, e alinhar seus objetivos de curto e médio prazos com essa visão.

Uma análise crítica periódica é recomendada para sua política, uma vez que expressa sua estratégia e é dinâmica, no caso de existir qualquer alteração nas questões internas e externas, assim como novos riscos e oportunidades, para abordar seus fatores competitivos. A ABNT NBR ISO 9004 (2019) considera como fatores competitivos: produtos e serviços, pessoas, conhecimento organizacional, tecnologia, parceiros, processos, lugar e preço.

Para demonstrar liderança na organização, uma alta direção deve definir e manter os objetivos (KPI's) da organização, com base em suas políticas e estratégias, bem como implantá-los em funções, níveis e processos pertinentes.

Os objetivos precisam ser claros e alcançáveis a curto e longo prazo. Quando possível, esses objetivos devem ser quantificados. A liderança precisa considerar os seguintes fatores ao determinar os objetivos, como competitividade, impacto positivo nas condições econômicas, ambientais e sociais no entorno da empresa, e o grau de participação da organização e de seus membros na sociedade, além dos assuntos relacionados ao negócio como, por exemplo, administração pública, associações e órgãos de normalização etc.

Recomenda-se que a liderança, na definição de objetivos, incentive conversas em diferentes níveis e funções da empresa. Uma comunicação eficaz, significativa, oportuna, contínua e adequada, sobre política, estratégia e objetivos, é um ponto fundamental para cada parte interessada pela liderança.

A operação vertical e horizontalmente também é essencial para o sucesso sustentável da empresa, incluindo mudanças que possam afetar esse desempenho.

Requisito 8 – Gestão de processos

A agregação de valor é gerada por meio de atividades ligadas que estão relacionadas a uma rede de processos. Processos, frequentemente, vão além dos limites das funções organizacionais. A rede de processos funciona como um sistema coerente, o que permite resultados consistentes e previsíveis com mais eficiência e eficácia.

O tipo, o porte e o nível de maturidade de uma organização determinam o discernimento de seus próprios processos. As atividades em cada etapa devem ser definidas e adaptadas ao porte e aos atributos distintos da organização.

Para alcançar seus objetivos, uma organização deve garantir que todos os seus processos sejam gerenciados proativamente, incluindo aqueles fornecidos por terceiros, para garantir que sejam eficientes e eficazes. O equilíbrio entre os vários objetivos e propósitos específicos dos processos, alinhados aos objetivos da organização, é crucial.

Uma "abordagem de processo" pode ajudar a fazer com que seus procedimentos identifiquem restrições, interdependências e recursos compartilhados. Uma boa prática é que a organização determine seus processos, com interações adequadas, para garantir que saiam produtos e processos coerentes com as necessidades das partes interessadas continuamente.

Na determinação dos processos, a norma se aplica à sistemática SIPOC - *Supplier* (Fornecedor), *Input* (Entrada), *Process* (Processo), *Output* (Saída) e *Customer* (Cliente), evidenciado na figura 23, onde destaca-se que o "I" representa as entradas que serão convertidas em saídas no processo; o "P" descreve as etapas que devem ser realizadas para transformar as entradas em saídas; e o "O" são as saídas, ou seja, o resultado das entradas após passarem pelo processo. Como em uma organização temos a somatória de vários processos interligados para atender as partes interessadas, uma provisão desses recursos seria o monitoramento, medição, análise crítica, melhoria, aprendizagem e inovação, que estarão presentes nas 5 etapas do SIPOC.

Figura 23 - Elementos de um processo

S	I	P	O	C
Fontes de entradas	Entradas	Atividades/processos	Saídas	Recebedores de saídas
PROCESSOS ANTECEDENTES, em provedores internos ou externos, podem ser clientes ou partes interessadas.	MATÉRIA-PRIMA, ENERGIA, INFORMAÇÃO.	ATIVIDADES	MATÉRIA-PRIMA, ENERGIA, INFORMAÇÃO, na forma de produto, serviço etc.	PROCESSOS SUBSEQUENTES, qualquer parte interessada.

Fonte: ABNT NBR ISO 9004 (2019).

Para determinar os processos adequados na realização de produtos ou serviços, a empresa precisa considerar, além das 5 etapas do SIPOC, o propósito do processo, seus objetivos e indicadores, os impactos dos processos, recursos, quais atividades precisam ser realizadas, suas restrições, riscos e oportunidades.

A seguir, na figura 24, temos um exemplo para o processamento de matéria-prima, onde é possível se destacar na atividade e fazer o SIPOC de um ou mais, dependendo do processo e de seu produto resultante, ou seja, posso realizar o SIPOC com a descrição das etapas que devem ser realizadas para a transformação de entradas em saídas, ou posso pegar um único processo/atividade, para construí-lo.

Figura 24 – SIPOC para processamento de matéria-prima (MP)

S	I	P	O	C
Fontes de entradas	Entradas	Atividades/ processos	Saídas	Recebedores de saídas
Fornecedores de minério de ferro com certificados.	Minério de ferro. Especificações de processos.	Processo de fusão/ usinagem da matéria-prima, separação conferência, fiscalização, acompanhamento.	Produtos acabados, (engrenagens), entregas pontuais e com qualidade dentro das especificações.	Clientes existentes e potenciais.

Fonte: elaborado pelo autor (2024).

Responsabilidades, autoridades e competências para os processos precisam ser designadas e fornecidas às pessoas ou a uma equipe, dependendo do processo e cultura da empresa, com o objetivo de manter, controlar e melhorar as interações com os demais processos interligados.

Depois de identificados os processos/atividades cabíveis para a execução do produto ou serviço, se torna necessário gerenciá-los, incluindo os processos providos externamente como um sistema, o que facilita a compreensão dos papéis de todos os envolvidos e seus efeitos nesta sistematização, determinando os critérios de saída, a capacidade e o desempenho do processo, seus riscos para prevenir, detectar e mitigar efeitos negativos e oportunidades, sendo essa situação analisada criticamente e de forma sistêmica, seja para corrigir os rumos, caso apresentem desvios, ou para manter as inter-relações eficazes com o aumento de desempenho no sistema de gestão.

Requisito 9 – Gestão de recursos

Recursos são críticos, porque dão suporte a todos os processos/atividades, assim uma má gestão dele compromete o sucesso sustentado. Com isso, todos os recursos necessários para a execução dos processos precisam ser gerenciados, com o objetivo de diminuir os riscos, incluindo novas tecnologias, e elevar a probabilidade de aparecerem novas oportunidades. Em relação a isso, podemos citar alguns dos recursos como: financeiros, pessoas, conhecimento organizacional, infraestrutura, matérias-primas etc.

Devido a sua importância, é necessário um controle adequado para o uso eficiente e eficaz dos recursos, considerando a complexidade e cultura do negócio, incluindo os recursos providos externamente.

Pessoas, como constatado anteriormente, fazem parte de nossos recursos, portanto, precisam ser competentes, engajadas, empoderadas e motivadas. A empresa, para manter seu desempenho, poderá desenvolver um plano de retenção e atração de pessoas com competências atuais e potenciais, além de uma abordagem planejada, transparente, ética e socialmente responsável por toda a empresa, para o sucesso sustentado da organização.

A capacidade de uma organização de criar e fornecer valor às partes interessadas aumenta como resultado do envolvimento de pessoas. A organização deve estabelecer e manter procedimentos para o envolvimento de seus funcionários. Para alcançar os objetivos da empresa e melhorar o desempenho, os gerentes em todos os níveis, devem incentivar os funcionários. E para aumentar o envolvimento de seus colaboradores, uma organização deve considerar as seguintes atividades:

a) Criar um processo para compartilhar conhecimento;
b) Fazer uso da competência de seus funcionários;
c) Criar um sistema de planejamento de carreiras e qualificação de habilidades para promover desenvolvimento pessoal;
d) Analisar criticamente e continuamente seu nível de satisfação, suas necessidades e suas expectativas pertinentes;

e) Oferecer oportunidades de formação e mentoria;

f) Incentivar atividades de melhoria de equipe.

Para aumentar a capacidade da organização de produzir e fornecer valor, são necessárias pessoas motivadas e empoderadas em todos os níveis da organização. O empoderamento inspira as pessoas a assumirem responsabilidade por suas atividades e resultados. Isso pode ser feito fornecendo às pessoas, informação, autoridade e a liberdade necessária para tomarem decisões em relação as suas responsabilidades profissionais. É imperativo que os gestores, em todos os níveis, incentivem os funcionários a reconhecerem a importância de suas responsabilidades e ações, com o intuito de criar valor para as partes interessadas. Para fortalecer e motivar as pessoas, os gestores em todos os níveis devem:

a) Estabelecer objetivos claros (alinhados com os propósitos da organização), dar autoridade e responsabilidade, e criar um ambiente de trabalho, no qual as pessoas tenham controle sobre seu próprio trabalho e sua tomada de decisão;

b) Criar um sistema de reconhecimento adequado, baseado na avaliação das pessoas (individualmente e em equipes);

c) Incentivar a iniciativa e o bom desempenho (individualmente e em equipes).

Um processo pode ser criado e mantido para auxiliar na organização, desenvolvimento, avaliação e melhoria da competência dos funcionários em todos os níveis. O processo pode seguir os seguintes passos:

a) Identificar e analisar as competências pessoais necessárias à organização, de acordo com a sua identidade (missão, visão, valores e cultura), estratégia, políticas e objetivos;

b) Avaliar as competências atualmente disponíveis, bem como as disparidades entre o que está disponível e o que é necessário ou pode ser necessário em breve;

c) Tomar medidas necessárias para aumentar e adquirir competência;

d) Melhorar e manter a competência adquirida;

e) Analisar criticamente e avaliar a eficácia das ações tomadas para garantir que a competência necessária foi adquirida.

Fontes internas e externas podem fornecer conhecimento organizacional. A alta direção deve:

a) Reconhecer o conhecimento como um intelectual ativo e gerenciar o conhecimento como uma parte essencial do sucesso sustentado da organização;

b) Considerar o conhecimento necessário para atender às necessidades de curto e longo prazo da organização, incluindo o planejamento sucessório;

c) Avaliar os métodos pelos quais o conhecimento da organização é identificado, coletado, analisado, recuperado, mantido e protegido.

A organização deve estabelecer processos para abordar:

a) O conhecimento explícito (linguagem formal, como formulários e manuais) e tácito que existe na organização, incluindo esse conhecimento como exemplo de experiências vividas pelas pessoas que atuam na instituição;

b) As lições aprendidas com os erros e com os projetos bem-sucedidos;

c) A habilidade da necessidade de adquirir conhecimento de partes interessadas, como parte da estratégia da organização;

d) A garantia de que uma informação seja distribuída e compreendida, de forma eficaz, ao longo do ciclo de vida dos produtos e serviços da organização;

e) A administração da documentação e o uso da informação;

f) O gerenciamento de propriedade intelectual.

A alta direção deve levar em consideração os avanços na tecnologia, tanto os existentes quanto os emergentes. Esses avanços podem afetar o desempenho da organização em processos resultantes de produtos e serviços, vantagem competitiva, agilidade e interação com partes interessadas.

Para identificar avanços e inovações tecnológicas, uma organização deve levar em consideração os seguintes fatores:

a) Os níveis atuais e as tendências emergentes da tecnologia dentro e fora da organização;

b) Os recursos financeiros necessários para adotar ou adquirir recursos tecnológicos de outra organização e os benefícios desses aprimoramentos;

c) O conhecimento organizacional e a capacidade de adaptação às mudanças tecnológicas;

d) Os riscos e oportunidades;

e) O ambiente de mercado.

A infraestrutura e o ambiente de trabalho são essenciais para que todos os processos da organização funcionem com sucesso. A organização precisa determinar o que é necessário e organizar a maneira como os recursos serão distribuídos, medidos ou monitorados, otimizados, concedidos e protegidos.

A avaliação regular da infraestrutura e do ambiente de trabalho é necessária para alcançar o desempenho e os objetivos da empresa.

Ao gerenciar sua infraestrutura, uma organização deve levar em consideração os seguintes aspectos:

a) Dependência (incluindo dependência de disponibilidade, confiabilidade, manutenibilidade e apoio de manutenção, como aplicável, incluindo segurança e proteção);

b) Os componentes de infraestrutura necessários para uma execução de processos, produtos e serviços;

c) Eficiência, capacidade e investimentos necessários;

d) Os efeitos da infraestrutura.

Uma organização precisa considerar os seguintes elementos (ou uma combinação de elementos) para determinar um ambiente de trabalho adequado tais como: características físicas, como calor, umidade, luz, fluxo de ar, higiene, limpeza e ruído; estações de trabalho e equipamentos projetados ergonomicamente; aspectos psicológicos; incentivar o desenvolvimento pessoal, o aprendizado, a transferência de conhecimento e o trabalho em equipe; além de métodos de trabalho inovadores e oportunidades para aumentar o envolvimento dos funcionários; normas e diretrizes de saúde e segurança, incluindo o uso de equipamentos de proteção; localização do ambiente de trabalho; instalações para os funcionários; e otimização dos recursos.

O ambiente de trabalho de uma organização precisa promover a produtividade, a criatividade e o bem-estar dos funcionários e visitantes da organização (como clientes, provedores externos e parceiros). Além disso, uma organização procura verificar se o ambiente de trabalho está de acordo com os requisitos mínimos, e se cumpre as normas de gestão ambiental, de saúde e segurança ocupacional, conforme o tipo de trabalho.

Os recursos externos são fornecidos às organizações através de várias fontes. É fundamental gerenciar as relações com provedores externos e parceiros, pois esses recursos podem afetar uma organização e suas partes interessadas. A empresa e seus parceiros ou provedores externos são interdependentes. Para criar valor de uma maneira que seja interessante para todos os envolvidos, uma organização deve procurar estabelecer relacionamentos com seus provedores ou parceiros para melhorar suas capacidades. Empresas externas que fornecem bens ou serviços, instituições financeiras e tecnológicas, organizações governamentais e não governamentais, ou outras partes interessadas podem ser consideradas como exemplos de parcerias.

A gestão de provedores externos deve levar em consideração as instalações ou recursos internos; a capacidade técnica para atender aos requisitos de produtos ou serviços; e a disponibilidade de recursos, controle de provedores externos, aspectos de sustentabilidade contínuo do negócio, como sua cadeia de suprimentos e aspectos ambientais, de sustentabilidade e responsabilidade social. Para aumentar a probabilidade de êxito com os provedores externos, pode-se aumentar a capacidade deles e compartilhar sua missão, visão e valores, além de apoiá-los em qualquer recurso ou conhecimento que precisem.

A organização reconhece sua responsabilidade com a sociedade e busca agir com base nesse reconhecimento. A responsabilidade abrange uma variedade de fatores, como recursos naturais e meio ambiente.

Os recursos naturais, que uma organização usa para fornecer produtos e serviços, são uma questão estratégica importante na gestão de recursos, pois conseguiram o sucesso geral da organização. A aquisição, manutenção, proteção e uso de recursos essenciais, como água, solo, energia e matérias-primas, devem ser feitos exatamente pela organização.

Uma organização deve considerar o uso atual e futuro dos recursos naturais necessários para seus processos, bem como os efeitos desse uso nos ciclos vitais de produtos e serviços. É imperativo que isso também esteja em conformidade com o plano da empresa.

Boas práticas para gerenciar recursos naturais para o sucesso sustentado incluem: tratá-los como um assunto estratégico do negócio; estar ciente de novas tendências e tecnologias sobre o uso eficiente deles, além das expectativas das partes interessadas sobre esses recursos; monitorar sua disponibilidade e determinação de riscos e oportunidades potenciais sobre seu uso; estabelecer mercados, produtos e serviços futuros e seu impacto no uso ao longo do ciclo de vida; implementar as melhores práticas para sua aplicação e uso atual; melhorar a utilização real e reduzir os efeitos negativos.

Requisito 10 – Análise e avaliação de desempenho de uma organização

Uma organização, ao implementar uma abordagem sistemática para coletar, examinar e analisar uma informação disponível, acaba por melhorar sua performance. Com base nos resultados, uma instituição precisa usar informação para atualizar a compreensão de seu contexto, políticas, estratégia e objetivos, quando necessário. Além disso, deve promover iniciativas para a melhoria, o aprendizado e a inovação, disponibilizando dados sobre o desempenho da organização, situação de auditorias internas e recursos, e mudanças em questões internas e externas que impactam os *stakeholders*.

A norma recomenda a avaliação constante dos resultados voltados à estratégia de negócio, que possam interferir em seu sucesso sustentado para uma ação efetiva e necessária, que obtenha uma maior robustez em seu SGQ. O monitoramento e registros de seus KPI's podem ser escalonáveis para dar apoio aos resultados e ações de alto nível, além de um histórico fornecendo possibilidade de avaliar as variáveis dos riscos internos e externos de todos os *stakeholders,* o que possibilita ações flexíveis e dinâmicas para atender as necessidades da organização e de seus clientes.

Auditorias internas fazem parte de qualquer norma de gestão, possibilitando uma compreensão, análise e a melhoria de desempenho da organização, através de uma medição de implementação da eficiência e eficácia de múltiplos sistemas de gestão. Por isso, precisam ser realizadas por profissionais qualificados e com independência (sem envolvimento) entre os processos auditados.

A independência e a sistemática, adotadas pelo auditor qualificado, torna a auditoria uma poderosa ferramenta para identificar problemas (não conformidades) e fazer o seu monitoramento em relação à eliminação da falha de maneira eficaz, e das interações entre os processos, internos e externos. A auditoria termina com a elaboração de um relatório, com informação das não conformidades e oportunidades de melhorias encontradas, e todos os dados das auditorias que foram feitas,como a primeira (interna), segunda (cliente) e terceira partes (OCC – Organismo de Certificação Credenciado), que são informações essenciais para uma análise crítica pelo gestor de seu SGQ, para monitoramento do progresso e desempenho das práticas adotadas pela organização.

Autoavaliação é uma ferramenta poderosa que está no anexo "A" da NBR ISO 9004, ela identifica as forças e fraquezas, assim como melhores práticas adotadas na estrutura do seu SGQ, ajudando a direcionar as ações para melhoria e inovação em seus processos, prática útil, uma vez que os sistemas são interdependentes, com impactos parecidos com as ondas de um oceano ou o efeito dominó. Os resultados da autoavaliação precisam ser disseminados para todos os funcionários, facilitando e compartilhando a compreensão sobre o nível de maturidade organizacional e seu alinhamento estratégico futuro.

A análise crítica do SGQ, segundo a ABNT NBR ISO 9004 (2019), permite uma análise de decisões baseadas em fatos, um dos princípios da qualidade. Ela precisa ser realizada em intervalos planejados e periódicos, para avaliar o progresso da organização, a adequação de suas estratégias e objetivos, abordando atividades de melhoria, aprendizagem e inovação da auditoria realizada e de auditorias passadas, além de verificar se existem pendências a serem efetivadas, e, se necessário, adaptar suas estratégias e objetivos.

Melhoria, aprendizagem e inovação contribuem para um sucesso sustentável, elas são interdependentes criando entradas nos processos e contribuindo para o alcance dos resultados desejados, apoiando a organização em suas mudanças, elevando o desempenho em produtos ou processos, antecipando as necessidades dos *stakeholders* e a eficiência econômica, seja em melhorias de eficiência e eficácia, ou em redução de custos, tempo, energia etc.

As melhorias podem ser incrementais ou radicais, porém precisam ter uma abordagem estruturada que possa ser sistemicamente aplicada em todos os processos, fazendo parte de sua cultura interna, para isso a ABNT NBR ISO 9004 (2019, p. 24) recomenda que:

a) Empodere pessoas a participarem e contribuírem para o alcance bem-sucedido de iniciativas de melhoria;
b) Provenha os recursos necessários para alcançar melhorias;
c) Estabeleça sistemas de reconhecimento para melhorias;
d) Estabeleça sistemas de reconhecimento para melhorar a eficácia e a eficiência do processo de melhoria;
e) Engaje a Alta Direção em atividades de melhoria.

Na aprendizagem, a organização pode incentivar a melhoria e inovação, porque ela pode ser derivada de diversas fontes, para que possa integrar a capacidade das pessoas com a cultura organizacional de uma empresa, através de experiências, análises e percepções profundas de informações coletadas de questões internas e externas do *stakeholders*, resultados de melhorias e inovações, combinando conhecimento, padrões de pensamentos, comportamentos e valores da organização.

Esse conhecimento pode ser tácito (possui uma sistemática de transmissão como um procedimento ou instrução de trabalho) ou explícito (possui características pessoais e de difícil transmissão), pode ser de dentro da empresa ou adquirido de fora, mas é boa prática criar uma sistemática de retenção e compartilhamento desse conhecimento, identificando necessidades específicas de inovação, disponibilizando recurso e incentivo ao pensamento inovador.

A ABNT NBR ISO 9004 (2019, p. 25) recomenda que:

a) A cultura da organização, alinhada com sua missão, visão e valores;
b) Iniciativas de apoio da Alta Direção em aprendizagem, por demonstração de sua liderança e por meio de seu comportamento;
c) Estímulo de redes de relacionamento, conectividade, interatividade e compartilhamento de conhecimento dentro e fora da organização;
d) Manutenção de sistemas para aprendizagem e compartilhamento de conhecimentos;
e) Reconhecimento, apoio e recompensa da melhoria de competência de pessoas, por meio de processos para aprendizagem e compartilhamento de conhecimento;
f) Valorização da criatividade e apoio à diversidade das opiniões das diferentes pessoas na organização.

Inovação resulta em melhorias que levem a organização a fornecer produtos, serviços ou processos melhores que a concorrência, aumentando a percepção de valor do cliente sobre a inovação.

Mudanças podem ser aplicadas em todos os níveis, conforme o tipo de mudança que descreve a ABNT NBR ISO 9004 (2019, p. 26), como sendo:

a) Em tecnologia ou produtos e serviços (isto é, inovações que não somente respondem às necessidades e expectativas em mudança de partes interessadas, mas também antecipam mudanças potenciais na organização e nos ciclos de vida de seus produtos e serviços);

b) Nos processos (isto é, inovação nos métodos de produção e provisão de serviços, ou inovação para melhorar a estabilidade de processo e reduzir variação);

c) Na organização (isto é, a inovação na sua constituição e nas estruturas da organização);

d) No sistema de gestão da organização (isto é, para assegurar que seja mantida vantagem competitiva e que novas oportunidades sejam usadas, quando houver mudanças emergentes no contexto da organização);

e) No modelo de negócios da organização (isto é, inovação em responder à distribuição de valor a clientes ou à mudança de posição de mercado, de acordo com necessidades e expectativas de partes interessadas).

Momento e risco – convém que uma organização avalie as oportunidades e os riscos associados às iniciativas de inovação. Uma organização deve considerar os possíveis efeitos que a gestão de mudanças pode ter e desenvolver planos de ação para reduzir esses riscos, incluindo planos de contingência, se necessário.

A avaliação do risco associado à implementação de uma inovação deve ser identificada com os dados de sua introdução. O tempo normalmente é usado para equilibrar a urgência, na qual ela é necessária, com os recursos disponíveis para o seu desenvolvimento.

Os resultados da avaliação de desempenho devem orientar uma análise crítica, melhoria e inovação da empresa e aumentar o conhecimento organizacional.

CAPÍTULO 4.
SISTEMA DE GESTÃO AMBIENTAL – REQUISITOS COM ORIENTAÇÃO E USO

4.1 NBR ISO 14001

Essa é nossa segunda norma de requisitos, ou seja, de certificação que acompanha o anexo SL (estrutura inteligente para unificação dos SG-Sistemas de Gestão). Assim, tópicos que são comuns, não terão foco na escrita, porque já foram abordados na NBR ISO 9001.

A série **NBR ISO 14000** é um conjunto de normas voltadas para a **Gestão Ambiental** de empresas de qualquer nível, tamanho ou área. Essas normas têm o objetivo principal de criar na empresa um Sistema de Gestão Ambiental e, com isso, reduzir os danos causados ao meio ambiente.

Abaixo algumas delas:

- NBR ISO 14001: normas referentes à implementação do SGA.
- NBR ISO 14004: normas sobre o SGA, porém destinadas à parte interna da empresa.
- NBR ISO 14010: normas relacionadas à auditoria ambiental e sua credibilidade.

- NBR ISO 14031: normas sobre o desempenho do SGA.
- NBR ISO 14020: normas relacionadas aos rótulos e declarações ambientais.

A ISO *Survey* apresenta como informação, o número de certificados emitidos por organismos de certificação que foram acreditados por membros do *International Accreditation Forum* (IAF) e apresentados no quadro 1, onde a NBR ISO 14001 é a segunda com maiores certificações no mundo, representando 420.433 certificados, com 21,48% de todos os certificados de sistemas de gestão emitidos no mundo, também resultando em uma quebra de barreiras em termos de exportação, para os 162 países membros da ISO, pelo menos.

O Brasil está em 17º lugar na pontuação dos países com maior número de certificações, segundo a ISO (2023), conforme apresenta o quadro 3.

Quadro 3 - Relação de países e número de certificados ISO 14001

Country	certificates	sites
China	217592	219253
Japan	21976	78066
Italy	18135	33706
United Kingdom of Great Britain and Northern Ireland★	17378	30218
Spain	14122	28402
India	9275	12205
Germany	9256	20365
Korea (Republic of)	6886	7646
France	6392	19411
Romania	6174	7631
Czech Republic	4539	5060
Thailand	4381	6384
United States of America	4171	8729
Australia	3468	6262

Country	certificates	sites
Hungary	3279	4211
Colombia	3076	4254
Brazil	2957	6820
Sweden	2854	9347
Poland	2831	5135

Fonte: ISO (2023).

A ABNT NBR ISO 14001(2015) destaca que, para satisfazer as necessidades do presente sem comprometer a capacidade das gerações futuras em satisfazer suas necessidades, é importante alcançar um equilíbrio entre o meio ambiente, a sociedade e a economia. Os três pilares da sustentabilidade (Econômico; Social e Ambiental) podem ser combinados para alcançar o desenvolvimento sustentável.

Com a legislação cada vez mais rígida, pressões crescentes sobre o meio ambiente, como poluição, uso ineficiente de recursos, gerenciamento impróprio de rejeitos, mudança climática, degradação dos ecossistemas e perda de biodiversidade, a sociedade espera um desenvolvimento sustentável, transparência e responsabilização.

Assim, as organizações têm adotado uma abordagem sistemática para gerenciar seus recursos ambientais, implementando sistemas de gestão ambiental com o objetivo de garantir a sustentabilidade do meio ambiente.

O objetivo da ABNT NBR ISO 14001 (2015, p.viii) é "prover às organizações, uma estrutura para a proteção do meio ambiente e possibilitar uma resposta às mudanças das condições ambientais em equilíbrio com as necessidades socioeconômicas". A contribuição para uma abordagem sistêmica, referente ao meio ambiente, está apresentada na figura 25.

Figura 25 – Contribuição para o meio ambiente

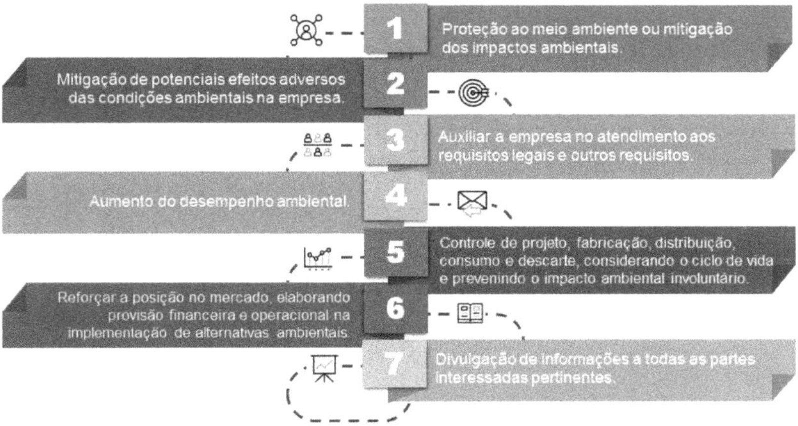

Fonte: elaborado pelo autor (2024).

Um sistema de gestão ambiental bem-sucedido depende do envolvimento de todos os níveis e departamentos da organização, começando pela alta direção. As empresas podem aproveitar as oportunidades de reduzir ou evitar os efeitos ambientais negativos e aumentar os positivos, especialmente aqueles que são relevantes para a competitividade e para a estratégia. Ao incorporar a gestão ambiental nos processos de negócios da organização, na orientação estratégica e na tomada de decisão, e alinhá-la com outras prioridades de negócios, a alta direção pode lidar com os riscos e as oportunidades. Eles também podem incorporar a governança ambiental em seu sistema de gestão global. Para mostrar às partes interessadas que a organização tem um sistema de gestão ambiental que funciona bem, pode-se demonstrar a implementação bem-sucedida dessa norma.

No entanto, o cumprimento dessa norma, por si só, não garante resultados ambientais satisfatórios, inclusive, a aplicação dela pode variar de acordo com o contexto de cada organização. Uma instituição pode realizar atividades semelhantes e, ao mesmo tempo, cumprir diferentes leis, tecnologias e metas de desempenho ambientais.

No entanto, ambas as organizações podem atender aos requisitos dessa norma.

O grau de detalhe e complexidade do sistema de gestão ambiental variará de acordo com a natureza da organização, o alcance do sistema, os requisitos legais e outros requisitos, e a natureza das atividades, bens e serviços da organização, incluindo seus aspectos e consequências ambientais associadas.

Vantagens para a implantação de um SGA – Sistema de Gestão Ambiental:

- Uma empresa que tem um certificado NBR ISO 14000 obtém muitas vantagens, seja para o cliente ou para ela própria. Ao receber o certificado, a empresa é logicamente associada a um padrão internacional de gestão ambiental, o que traz ao público a imagem positiva de uma empresa limpa e preocupada com o meio ambiente.
- Além disso, graças aos processos de gestão ambiental estabelecido pelas normas NBR ISO 14000, a empresa tem uma redução de gastos com matéria-prima e com o descarte de lixo ou resíduos da sua atividade.
- É uma ferramenta gerencial.
- Fornece estrutura para melhoria contínua de seu SGA.
- A empresa passa a competir melhor nos mercados internos e externos.
- Melhora o desempenho ambiental.
- Aumenta a competitividade.
- Minimiza riscos.

Abaixo veremos os critérios para uma certificação NBR ISO 14001:

- Para ser qualificada a receber o certificado das normas NBR ISO 14000, a empresa deve estar de acordo com as leis e regulamentos ambientais de seu país de origem. Além disso, ela é obrigada a estabelecer e manter um SGA, de acordo com as especificações padrão. Porém, não atender aos requisitos mais específicos pode impedir que a empresa seja certificada.

- Planejamento ambiental: planejar todos os aspectos ambientais, metas, objetivos e leis e programas da região.
- Realização e manutenção: após a preparação, é necessário implantar o sistema, garantir que ele funcione e mantê-lo funcionando.
- Arquivo e documentação: fazer uma documentação detalhada de todos os procedimentos relacionados à gestão ambiental da empresa, bem como do sistema que está sendo implementado, e arquivá-los.
- Auditoria, revisão e inspeção: os procedimentos relacionados à gestão ambiental devem ser constantemente auditados (conforme planejamento de auditoria), observados e inspecionados. Além disso, uma ação corretiva deve ser registrada e arquivada, caso seja necessária.

Além da certificação, a NBR ISO 14001 (2015, p. x) descreve que uma empresa, além da certificação por um OCC, pode demonstrar sua conformidade com a norma das seguintes formas:

- Fazer uma autoavaliação e autodeclaração, ou
- Buscar uma confirmação de sua conformidade por partes que tenham um interesse na organização, como clientes, ou
- Buscar uma confirmação de sua autodeclaração por uma parte externa à organização, ou
- Buscar uma certificação/registro do seu sistema de gestão ambiental por uma organização externa.

O ciclo PDCA está nessa norma com a seguinte configuração, seguindo o anexo SL, apresentado na figura 26.

Figura 26 – Ciclo PDCA para meio ambiente

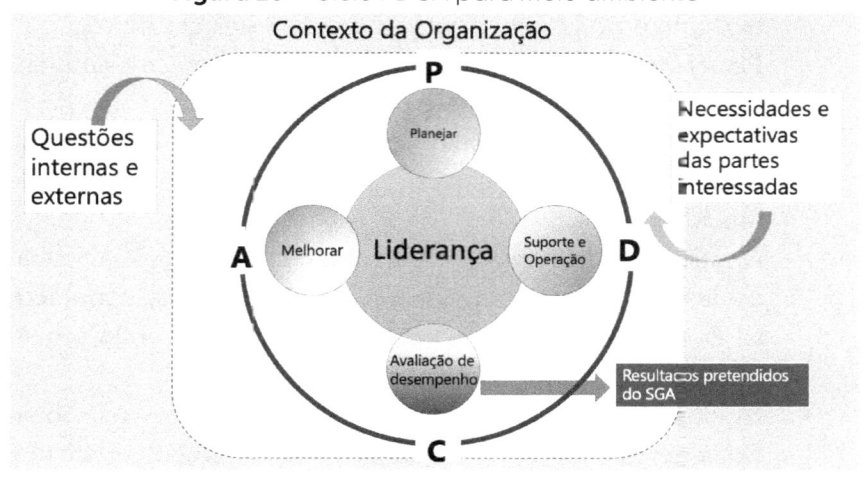

Fonte: adaptado da ABNT NBR ISO 14001 (2015).

Com a rotação do ciclo PDCA, espera-se que uma organização atenda sua política ambiental e melhore seu desempenho; atenda aos requisitos legais e outros, quando necessário, e alcance seus KPI's.

Agora veremos de forma simples, alinhada ao anexo SL, para facilitar uma futura integração entre os requisitos de um sistema integrado, para o qual, em caso de maiores dados e informações, solicito uma leitura na íntegra da NBR ISO 14001, em sua versão mais recente, sempre.

Requisito 4 – Entendendo a organização e seus contextos

O contexto da organização se relaciona à compreensão da instituição, ao seu contexto operacional e aos requisitos das partes interessadas. Ao atender a esses requisitos, a organização pode estabelecer uma estrutura robusta para desenvolver e implementar um SGQ eficaz e orientado para o sucesso. Aqui estão os principais conceitos deste requisito, segundo a ABNT NBR ISO 14001 (2015):

- **Questões externas e internas**: determinar questões internas e externas que afetam a capacidade da organização de alcançar os resultados esperados do sistema de gestão ambiental é essencial. Essas preocupações devem incluir as condições ambientais que podem ou não, afetar a empresa.
- **Partes interessadas**: são indivíduos ou grupos que têm o potencial de serem influenciados pelo SGA. Quais são as necessidades e expectativas pertinentes dessas partes interessadas e como elas se transformam em seus requisitos legais e outros requisitos.
- **Escopo do sistema de gestão da qualidade**: é onde os limites e aplicações do SGA são definidos. Devem-se considerar questões internas e externas, requisitos legais e outros, se existirem, além de suas unidades organizacionais, funções e limites físicos. Determinar suas atividades, produtos e serviços e incluí-los no SGA. É o responsável por exercer controle e influência no SGA. É necessário manter o escopo disponível e mantido como informação documentada, para que a organização e suas partes interessadas o considerem adequado.
- **Sistema de gestão da qualidade e seus processos**: é o conjunto de ações que uma empresa realiza para atingir seus objetivos e sua melhoria de desempenho ambiental. A organização deve estabelecer, implementar, manter e melhorar o SGA, bem como os processos e satisfeitos.

Requisito 5 – Liderança

Liderança, além de ser um requisito, é um princípio essencial para um SGA, por isso está no centro da figura 26, porque envolve o compromisso da alta direção com a redução de impactos ambientais, para envolver a todos os funcionários em uma visão clara com a direção estratégica, através de uma política ambiental e seus objetivos, atribuição de responsabilidades e autoridades, e fornecimento de recursos adequados para o SGA, sendo um requisito necessário para o estabelecimento e manutenção de um sistema de gestão ambiental eficaz.

Outro aspecto importante do requisito de liderança é o envolvimento da alta direção no estabelecimento, implementação e manutenção do sistema de gestão ambiental. A liderança deve fornecer recursos adequados para o sistema, promover a conscientização sobre a importância da qualidade e garantir a comunicação eficaz dentro da organização. Segundo a norma (ABNT NBR ISO 14001, 2015), a alta direção deve:

- Responsabilizar-se e prestar contas pela eficácia do SGA;
- Garantir que a política ambiental e os objetivos da qualidade sejam estabelecidos e compatíveis com o contexto e a direção estratégica da organização;
- Assegurar a integração dos requisitos do SGA nos processos de negócio da organização;
- Comunicar a importância de uma gestão da qualidade eficaz e de estar em conformidade com os requisitos do SGA;
- Garantir que o SGA alcance os resultados pretendidos em seus processos, produtos, serviços e clientes;
- Promover a melhoria;
- Apoiar outros papéis pertinentes da gestão a demonstrar como sua liderança se aplica às áreas sob sua responsabilidade, assegurando a integridade do SGA;
- A liderança deve elaborar uma política ambiental que, apropriadas aos impactos ambientais de suas atividades, produtos e serviços, possa ser medida e que tenha proteção ao meio ambiente, incluindo a prevenção da poluição e outros, conforme o contexto da organização e seu comprometimento em atender os requisitos legais e outros, se os tiver, incluindo seus direcionamentos para as melhorias. Esta política deve ser documentada, comunicada e disponível para todos os interessados. Para isso, deve assegurar responsabilidade e autoridade para garantir que os sistemas estejam de acordo com a norma, repassando o desempenho do SGA para a alta direção.

Requisito 6 – Planejamento

Aborda a importância do planejamento como base para uma gestão eficaz, estabelecendo uma abordagem sistemática para o planejamento das atividades, a fim de abordar riscos e oportunidades em seus aspectos ambientais, requisitos legais e outros planejamentos de ações e definição de objetivos ambientais, e planejamento para alcançá-los.

A organização deve determinar os riscos e oportunidades que precisam ser tratados, para garantir que o sistema de gestão ambiental – SGQ alcance resultados desejados, prevenindo ou reduzindo aspectos e impactos internos e externos que afetem a organização e atinjam a melhoria contínua. Isso envolve que, em seu escopo, a organização deve determinar quaisquer emergências que possam afetar o ambiente, para prover a confiança de que seus processos serão realizados como planejados.

A organização deve determinar os elementos ambientais de suas atividades, produtos e serviços que ela pode controlar e aqueles que ela pode influenciar, com base em uma perspectiva de ciclo de vida, dentro do escopo definido pelo sistema de gestão ambiental.

Ao definir os elementos ambientais, a organização deve levar em consideração os seguintes elementos:

a) Mudanças que incluem desenvolvimentos planejados ou novos, bem como atividades, produtos e serviços novos ou modificados;

b) Condições anormais e emergências, razoavelmente, previsíveis.

A organização deve usar critérios estabelecidos para identificar elementos que têm ou podem ter impacto ambiental significativo.

Como apropriado, a organização deve comunicar seus elementos ambientais importantes em todos os seus níveis e funções. Além disso, a instituição deve manter registros de seus elementos ambientais importantes, incluindo seus impactos e componentes associados, bem como seus elementos ambientais benéficos.

Para esse item, uma nota foi incorporada na ABNT NBR ISO 14001 (2015, p. 10) dissertando que: "Os aspectos ambientais significativos podem resultar em riscos e oportunidades associados tanto com os aspectos ambientais adversos (ameaças) como com os impactos ambientais benéficos (oportunidades)".

Sobre planejamento para seus requisitos legais e outros requisitos, a norma descreve que uma organização deve:

a) Identificar e ter acesso aos requisitos legais e outros requisitos relacionados aos aspectos ambientais;

b) Determinar como esses requisitos e outros requisitos são aplicados à organização;

c) Levar em consideração esses requisitos e outros requisitos ao estabelecer, implementar, manter e melhorar, continuamente, seu sistema de gestão ambiental.

A empresa deve manter registros sobre suas obrigações legais e outras obrigações.

Nota da ABNT NBR ISO 14001 (p. 10): "A empresa pode enfrentar riscos e oportunidades como resultado de requisitos legais e outros requisitos".

Uma empresa deve planejar e tomar medidas para abordar seus aspectos ambientais significativos; requisitos legais e outros requisitos; riscos e oportunidades identificados em seu planejamento e integrar e implementar as ações nos processos de seu sistema de gestão ambiental, ou outros processos de negócios, avaliando os resultados em sua análise crítica.

A organização deve levar em consideração suas opções tecnológicas, bem como suas necessidades financeiras, operacionais e de negócios ao fazer planos para essas ações.

O requisito exige que os objetivos da qualidade e o planejamento sejam alcançados pela organização nas funções, níveis e processos pertinentes ao SGQ. Os objetivos da qualidade devem ser compatíveis com a política ambiental, mensuráveis, monitorados, comunicados e atualizados, quando necessário.

A empresa deve fazer um plano para atingir seus objetivos ambientais, especificando o que será feito, quais recursos serão necessários, quem será responsável, quando o trabalho será concluído e como os resultados (KPI's) serão avaliados e monitorados em direção as suas metas. Os objetivos ambientais podem estar alinhados aos processos de negócio.

Requisito 7 – Apoio

Esse requisito aborda a necessidade de fornecer recursos adequados para o planejamento, o monitoramento, a avaliação e a melhoria contínua dessas atividades, para garantir que os recursos sejam adequados e suficientes para as necessidades do SGA, e adequado também para a operação eficaz de um sistema de gestão ambiental.

O requisito Apoio também requer uma comunicação efetiva entre as partes interessadas, internas e externas, envolvidas no SGQ. Portanto, o requisito Apoio pode ser considerado um dos mais abrangentes e desafiadores da norma ISO 9001, sua implementação eficaz é necessária para garantir que a empresa tenha os recursos adequados, as pessoas competentes, a conscientização necessária.

O requisito Apoio, conforme a ABNT NBR ISO 9001 (2019), abrange os seguintes tópicos ou sub-requisitos:

- Competência: De acordo com este tópico, uma empresa deve determinar as competências necessárias para os indivíduos que participam de atividades que impactam o desempenho e a eficácia dos atendimentos aos requisitos legais e outros requisitos. A empresa deve garantir que essas pessoas tenham habilidades adequadas por meio de educação, treinamento ou experiência. Decidir quais treinamentos são necessários em relação aos seus aspectos ambientais e ao seu sistema de gestão ambiental, e tomar medidas para adquirir a competência necessária e avaliar a eficácia das medidas tomadas. A organização deve reter informação documentada apropriada como evidência de competência.
- Conscientização: A organização deve garantir que os indivíduos que realizam atividades sob seu controle tenham familiaridade com a política da qualidade, dos aspectos e impactos

ambientais, reais e potenciais do trabalho, de sua contribuição para uma eficácia do SGA, dos benefícios da melhoria do desempenho e das consequências de não cumprir os requisitos do SGA.

- Comunicação: A organização deve estabelecer processos eficazes de comunicação interna e externa, relevantes ao sistema de gestão ambiental, incluindo: o quê, quando, com quem, como e quem comunica. Isso envolve garantir que as informações pertinentes a requisitos legais e outros, sejam comunicadas de maneira adequada, compreendidas e confiáveis com informações e com comunicação geradas pelo SGA, e registros dessa comunicação devem ser realizados.

  A comunicação interna deve fornecer as informações pertinentes ao sistema de gestão ambiental para todos os níveis e funções da organização, incluindo quaisquer mudanças necessárias, e garantir que seu(s) processo(s) de comunicação permita(m) que qualquer pessoa que trabalha sob o controle da organização contribua para a melhoria do SGA.

  A empresa deve fornecer as informações relacionadas ao sistema de gestão ambiental a terceiros, de acordo com seus processos de comunicação internos, bem como, de acordo com as exigências legais e outras obrigações.

- Informação documentada: este tópico estabelece os requisitos gerais para a criação e atualização da informação documentada necessária para o SGA e para a operação dos processos. A informação documentada deve ser identificada, descrita, formatada, revisada e aprovada antes da sua emissão. A informação documentada também deve ser controlada para garantir sua disponibilidade, adequação, proteção, rastreabilidade, distribuição, armazenamento, recuperação, retenção e disposição.

Requisito 8 – Operação

O planejamento e o controle operacional envolvem a identificação e a execução de ações destinadas a prevenir, mitigar e controlar os efeitos prejudiciais que as atividades de uma organização têm sobre o meio ambiente.

A organização deve estabelecer, implementar, controlar e manter os processos necessários para atender aos requisitos do sistema de gestão ambiental. Para isso, ela deve estabelecer critérios operacionais para o(s) processo(s) e implementar o(s) controle(s), de acordo com os critérios operacionais. Exemplos de controles operacionais, como procedimentos operacionais padronizados, treinamento de funcionários, manutenção adequada de equipamentos, entre outros.

A empresa deve controlar alterações planejadas e analisar criticamente os efeitos de alterações não planejadas, tomando medidas necessárias para reduzir os efeitos negativos.

O negócio deve garantir que os processos terceirizados sejam controlados ou alterados. O sistema de gestão ambiental deve especificar o tipo de controle ou influência que será aplicado ao processo.

Com base em uma perspectiva de ciclo de vida, a organização deve: estabelecer controles adequados para garantir que o(s) requisito(s) ambiental(is) seja(m) abordado(s) durante o processo de projeto e desenvolvimento do produto ou do serviço, levando em consideração cada estágio do ciclo de vida dos mesmos; determinar seu(s) requisito(s) ambiental(is) para a aquisição de produtos e serviços; comunicar seus requisitos ambientais a provedores externos, para avaliarem a necessidade de fornecer informações sobre potenciais impactos, associados à entrega, uso, pós-uso e disposição final.

A organização deve manter registros das informações na quantidade necessária, para garantir que os processos sejam concluídos com precisão. Além disso, deve estabelecer, implementar e manter o(s) processo(s) necessário(s) para preparar-se e responder a possíveis situações de emergência, identificadas em seu planejamento, incluindo: preparar-se para responder pelo planejamento de ações para prevenir ou mitigar os impactos adversos de situações de emergência no meio ambiente; responder a situações de emergência reais; tomar medidas para minimizar ou prevenir as consequências de uma situação de emergência, de acordo com a gravidade da emergência e o impacto que ela pode ter no meio ambiente; testar regularmente as ações de resposta planejada, se viável; analisar criticamente e revisar o(s) processo(s) e as ações de resposta planejada, especialmente após a ocorrência de uma situação de emergência ou teste; fornecer, às partes interessadas, informações adequadas e treinamento relacionado a respostas e emergências.

Para garantir que o(s) processo(s) seja(m) concluído(s) conforme planejado(s), a organização deve manter todas as informações documentadas.

Requisito 9 – Avaliação de desempenho

Em geral, esse tópico envolve uma série de atividades relacionadas à verificação dos resultados obtidos pelo SGA em relação aos objetivos estabelecidos. Essas atividades exigem métodos sistemáticos e adequados para coletar, analisar e interpretar dados relevantes para o desempenho do SGA. O requisito 9 também requer uma participação ativa da alta direção na avaliação do SGA e na tomada de decisões para sua melhoria. Portanto, pode ser considerada uma atividade importante e complexa da norma NBR ISO 14001.

O requisito 9, da NBR ISO 14001, refere-se à avaliação de desempenho do sistema de gestão da qualidade (SGQ). Ele se divide em tópicos ou sub-requisitos:

- Monitoramento, medição, análise e avaliação: este tópico estabelece que a organização deve determinar o quê, como, quando e por quem o desempenho e a eficácia do SGA devem ser monitorados, medidos, analisados e avaliados. Isso inclui a coleta de dados relevantes, precisa e significativa à análise e interpretação desses dados, à avaliação do desempenho em relação aos objetivos ambientais e aos aspectos e impactos que requerem uma abordagem sistemática. Isso pode envolver o uso de indicadores de desempenho ambiental, análise e eficácia de seus resultados, a definição de metas de melhoria e a análise de tendências ao longo do tempo. O uso de qualquer equipamento de medicação e monitoramento precisa ser realizado com equipamento calibrado por órgão credenciado pelo RBC. O desempenho ambiental precisa ser comunicado a todas as partes interessadas, conforme definido em seus procedimentos e processos planejados.

- A organização deve reter informações documentadas sobre os resultados dessas atividades. Ela deve avaliar a percepção do cliente, a conformidade dos produtos e serviços, o desempenho dos processos e dos provedores externos e a eficácia das ações tomadas para abordar os riscos e oportunidades.

- A empresa deve criar, implementar e manter o(s) processo(s) necessário(s) para avaliar o atendimento aos requisitos legais e outros requisitos. A organização deve determinar a frequência com que o atendimento aos requisitos legais e outros requisitos serão avaliados; avaliar o atendimento aos requisitos legais e outros requisitos e, se necessário, tomar medidas, mantendo o conhecimento e a compreensão da situação do atendimento aos requisitos legais e outros requisitos. A empresa deve manter a informação registrada como evidência dos resultados da avaliação e do cumprimento de suas obrigações legais e outras exigências.

- Auditoria interna: este tópico estabelece que a organização deve realizar auditorias internas em intervalos planejados, conduzidas por pessoas independentes das áreas auditadas, para verificar se o SGA está conforme com os requisitos da norma, com os requisitos próprios da organização e com os requisitos legais e regulamentares aplicáveis. A organização deve também verificar se o SGA é implementado e mantido de forma eficaz. A organização deve planejar, conduzir, relatar e acompanhar as auditorias internas, considerando o *status* e a importância dos processos e das áreas auditadas, bem como os resultados de auditorias anteriores. A organização deve definir os critérios, o escopo, a frequência e os métodos de auditoria. Deve também selecionar os auditores e conduzir as auditorias em todas as áreas relevantes envolvidas, de forma a garantir a objetividade e a imparcialidade do processo de auditoria. A instituição deve garantir que os resultados das auditorias sejam relatados às pessoas responsáveis pela área auditada e que as ações corretivas sejam tomadas, sem demora indevida, para eliminar as não conformidades detectadas. A organização deve reter informações documentadas sobre o programa de auditoria e sobre os resultados das auditorias.

- Análise crítica pela direção: este tópico estabelece que a alta direção deve analisar, criticamente, o SGA em intervalos planejados para assegurar sua contínua adequação, suficiência, eficácia. A análise crítica pela direção deve considerar as informações de análises anteriores, no caso de alguma pendência ou informações relevantes, sobre o desempenho e a eficácia do SGQ, incluindo necessidades e questões das partes interessadas sobre o SGA e seus aspectos e impactos significativos, incluindo reclamações, auditorias internas e externas, eficácia das ações tomadas para abordar os riscos, oportunidades e melhorias, extensão na qual as metas ambientais foram atingidas, informações sobre o desempenho ambiental (não conformidades, ações corretivas, resultados de medicações e monitoramento, atendimento a leis e regulamentos etc.), e resultados de auditorias. A análise crítica pela direção deve resultar em decisões e ações relacionadas à melhoria e eficácia do SGA, à necessidade de mudanças no SGA e aos recursos necessários, sua oportunidade de integrar gestão ambiental com outras normas e outras implicações estratégicas. A organização deve reter (registros), ou seja, informações documentadas sobre os resultados/saídas da análise crítica pela direção.

Requisito 10 – Melhoria

Trata dos requisitos relacionados à melhoria contínua do sistema de gestão ambiental. Essa cláusula enfatiza a importância de identificar oportunidades de melhoria, implementar ações corretivas e preventivas, além de promover o controle e mitigação de aspectos e impactos ambientais.

O Requisito 10, da NBR ISO 14001, refere-se à melhoria do sistema de gestão ambiental (SGA). Ele se divide em tópicos ou sub-requisitos como veremos a seguir:

- Generalidades: este tópico estabelece que a organização deve determinar e selecionar oportunidades para melhoria, além de implementar quaisquer ações com abordagem sistemática necessária, para alcançar os resultados pretendidos em sua gestão ambiental.
- Não conformidade e ação corretiva: este sub-requisito estabelece que a organização deve reagir as não conformidades e tomar ações para controlá-las e corrigi-las, o que pode ser desafiador. A organização deve também avaliar a necessidade de identificar e eliminar as causas das não conformidades, de forma a evitar sua repetição ou ocorrência em outros processos. Isso envolve identificar a não conformidade, avaliar sua gravidade, determinar as causas raízes, implementar ações corretivas, verificar a eficácia dessas ações e registrar os resultados. A organização deve programar quaisquer ações necessárias, analisar criticamente sua eficácia e realizar mudanças quando necessário. A instituição deve reter informações documentadas sobre as não conformidades, as ações tomadas e os resultados das ações corretivas.
- Melhoria contínua: este sub-requisito estabelece que a organização deve melhorar continuamente a adequação, a suficiência e a eficácia do SGA. Uma prática recomendável é considerar os resultados da análise e avaliação do desempenho do SGA, bem como as saídas da análise crítica pela direção,

para determinar se há necessidade ou oportunidade de fazer mudanças no SGA, incluindo na política da qualidade e nos objetivos ambientais. Isso inclui o monitoramento do sistema de gestão ambiental, a análise de dados relevantes, a implementação de ações preventivas e o atendimento à legislação e outros requisitos.

Terminamos aqui uma abordagem conceitual do entendimento aos requisitos da NBR ISO 14001.

CAPÍTULO 5.
SISTEMA DE GESTÃO PARA SAÚDE E SEGURANÇA OCUPACIONAL

5.1 NBR ISO 45001

Segundo a Organização Internacional do Trabalho (OIT), relatado pelo Tribunal Superior do Trabalho – TST (2023), a cada 15 segundos um trabalhador morre em razão de acidente ou doença por conta do trabalho. A cada 15 segundos, 160 trabalhadores são vítimas de acidentes relacionados ao trabalho no mundo.

Todos os dias, 6.300 pessoas morrem em decorrência de acidentes de trabalho ou doenças relacionadas ao trabalho, ou seja, mais de 2,3 milhões de mortes por ano. Mais de 337 milhões de acidentes ocorrem no trabalho anualmente, com um custo econômico estimado de 4% do PIB – Produto Interno Bruto global a cada ano.

A segurança e a saúde no trabalho variam muito entre nações, setores econômicos e grupos sociais. Nos países em desenvolvimento, onde uma grande parte da população trabalha em atividades perigosas como agricultura, pesca e mineração, as mortes e lesões são particularmente altas. Em todo o mundo, as pessoas mais pobres e menos protegidas, como mulheres, crianças e migrantes são as mais afetadas.

No Brasil, segundo o Ministério da Previdência Social – MPS (2023), no ano de 2021 registraram-se 536.174 mil acidentes. A tabela 3 apresenta o total de acidentes de trabalho por CNAE – Classificação Nacional de Atividades Econômicas, em suas 10 maiores ocorrências. Evidencia-se, na tabela 3, que o setor de Atividades de Atendimento Hospitalar teve a maior quantidade de trabalhadores afastados por acidentes de trabalho. Sendo que 62.852 casos representaram 11,7% dos acidentes totalizados em 2021, com 60% representados por mulheres, que têm uma maior representatividade em atividades hospitalares. O Comércio Varejista de Mercadorias em Geral aparece como o segundo setor com maior número de acidentes (19.788), como podemos observar na tabela 3 a seguir.

Tabela 3 - Total de acidentes por CNA – as maiores ocorrências – 2021

Ano	Total	Com CAT				Sem CAT
		Total	Típico	Trajeto	Doença do Trabalho	
TOTAL	536.174	464.967	349.393	96.226	19.348	71.207
8610 - Atividades de atendimento hospitalar	62.852	59.808	45.409	8.461	5.938	3.044
4711 - Comércio varejista de mercadorias em geral, com predominância de produtos alimentícios hipermercados	19.788	17.016	12.973	3.915	128	2.772
8411 - Administração pública em geral	14.925	12.364	8.767	1.946	1.652	2.561
4930 - Transporte rodoviário de carga	14.735	12.986	9.768	3.054	164	1.749
1012 - Abate de suínos, aves e outros pequenos animais	11.722	10.223	8.919	995	309	1.499
4120 - Construção de edifícios	10.641	9.189	7.719	1.362	108	1.452
5611 - Restaurantes e outros estabelecimentos de serviços de alimentação e bebidas	7.694	7.136	4.970	2.081	85	558
8630 - Atividades de atenção ambulatorial executadas por médicos e odontólogos	6.508	6.251	4.174	1.546	531	257
3811 - Coleta de resíduos não-perigosos	6.350	5.819	5.109	665	45	531
4744 - Comércio varejista de ferragens, madeira e materiais de construção	5.776	5.282	4.058	1.158	66	494

Fonte: AEAT (extraído da MPS, 2021).

De acordo com o Anuário Estatístico de Acidentes do Trabalho (AEAT), citado pelo Ministério da Previdência Social (2023), a ocorrência de acidentes do trabalho entre as mulheres é inferior a ocorrência entre os homens, tanto em termos absolutos quanto em termos relativos. Em 2021, foram 352.099 acidentes entre eles (15,1 para cada grupo de mil empregados) e 182.754 registros entre elas

(9,8 a cada grupo de mil). Percentualmente, em 2021, os homens representam 65,8% das vítimas de acidentes de trabalho, enquanto as mulheres, 34,2%.

Para o ano de 2022, a Agência Brasil (2023) registrou 612,9 mil acidentes de trabalho, com números de óbitos de 2,5 mil. A área hospitalar continuou sendo a de maior incidência em acidentes, registrando em São Paulo mais de 51 mil e no Rio de Janeiro mais 18 mil acidentes de trabalho, gerando mais de 148 mil concessões de benefícios previdenciários para acidentados e 6,5 mil de aposentadoria por invalidez.

As pesquisas mostraram vários valores para representar acidentes de trabalho; pode-se concluir que representa cerca de 9% da folha salarial do país, ou cerca de R$72 bilhões por ano. Essa é a expressão financeira do sofrimento físico e mental causados pelo trabalho, no setor formal e informal, incluindo lesões, doenças e mortes.

As empresas arcam com os custos de interrupção do trabalho, treinamento e substituição de mão de obra, danos ao maquinário, atraso no cronograma de entrega, multas, aumento da contribuição do seguro de acidente e pagamento de indenizações, além do salário dos primeiros 15 dias de ausência (a partir do 16º dia, o INSS paga). Além disso, as vítimas enfrentam custos com medicamentos, serviços de saúde adicionais, transporte, perda de poder aquisitivo, desemprego, depressão e traumas. Tanto o dano material quanto o psicológico causados pela morte são incalculáveis, além da dor pela perda e a falta de desenvolvimento do núcleo familiar. O chefe do lar que se desestrutura, frequentemente, é o trabalhador que perde a vida, com isso, o futuro dos filhos fica em risco.

A NBR ISO 45001, norma de diretrizes e certificável, exige que isso seja modificado. Ela fornece orientação útil e eficaz aos governos, indústrias e outras partes interessadas, para melhorar a Saúde e Segurança Ocupacional (SSO) em países de todo o mundo. Devido a sua estrutura fácil de usar, ela pode ser utilizada tanto em fábricas quanto em parceiras e instalações de produção, independentemente da sua localização.

Segundo a ABNT NBR ISO 45001 (2018, p. 6):

> A NBR ISO 9001 especifica os requisitos para um sistema de gestão da qualidade e exige que as organizações demonstrem sua capacidade para fornecer produtos que atendam aos requisitos crescentes dos clientes e aos requisitos legais aplicáveis. O objetivo é aumentar a satisfação do cliente por meio da aplicação eficaz do sistema, incluindo processos de melhoria do sistema e garantia de conformidade com os regulamentos.
>
> Quando estas medidas são aplicadas pela organização, por seu sistema de gestão de SSO, elas melhoram seu desempenho de SSO final, um sistema de gestão que pode ser mais efetivo e eficiente ao tomar medidas antecipadas para abordar oportunidades que melhoram o desempenho SSO.

Uma organização tem a responsabilidade pela saúde e segurança ocupacional de seus funcionários e de outras pessoas que podem ser afetadas por suas operações. Esta é sua responsabilidade, promover e proteger sua saúde física e mental.

A adoção de um sistema de gestão de SSO ajuda as organizações a criarem locais de trabalho seguros e saudáveis, a fim de prevenir lesões e problemas de saúde relacionados ao trabalho, e a melhorar continuamente seu desempenho de SSO. Existem diversos benefícios na implantação de uma norma para o SGSSO, esses estão apresentados, na figura 27, a seguir.

Figura 27 – Benefícios da NBR ISO 45001

Fonte: elaborado pelo autor (2024).

O sucesso da implementação e manutenção de um sistema de gestão de SSO, conforme a ABNT NBR ISO 45001 (2018) depende de vários fatores importantes, como liderança, compromisso, responsabilidades e prestação de contas da alta administração; desenvolvimento, liderança e promoção de uma cultura na organização, que apoie os resultados pretendidos do sistema de gestão de SSO; comunicação; consulta e participação dos trabalhadores, bem como representantes dos mesmos, quando necessário; alocação dos recursos necessários para a manutenção; políticas de SSO que sejam alinhadas com os objetivos estratégicos gerais da organização; processo(s) eficaz(es) para identificar perigos, controle de riscos e aproveitamento de oportunidades de SSO; avaliação e monitoramento contínuos do desempenho do sistema de gestão de SSO, com o objetivo de melhorar seu desempenho; e a integração do sistema de gestão de SSO aos processos de negócios da organização; além dos objetivos de SSO que se alinham com a política de SSO, levando em consideração os perigos, riscos e oportunidades de SSO para a organização; e, por fim, o cumprimento de seus requisitos legais e demais requisitos.

Uma organização pode usar a norma para garantir aos funcionários e outras partes interessadas que um sistema de gerenciamento de SSO eficiente está em vigor. No entanto, a adoção da norma não garante que os trabalhadores sejam protegidos de lesões e problemas de saúde relacionados ao trabalho, nem criará um ambiente de trabalho seguro e saudável, nem melhorará o desempenho de SSO.

Fatores como o contexto da organização (como o número de funcionários e seu engajamento, o tamanho, a geografia, a cultura e outros requisitos legais) e o alcance do sistema de gestão de SSO dependerão do grau de detalhe, complexidade, extensão e recursos necessários para garantir o sucesso do sistema, o alcance do sistema de gestão de SSO da organização; o tipo de atividades da organização e os riscos associados ao SSO.

Dos itens 1 ao 3 da norma NBR ISO 45001, tem-se informações orientativas, a partir do 4º requisito/item/cláusulas, passam a se tornar diretrizes de implantação, do SGSSO – Sistema de Gestão de Saúde e Segurança Ocupacional, lembrando-se que esses requisitos estão em 162 países membros da ISO, assim para cada organização, será necessária uma adequação ao seu sistema, ou seja, a sua cultura organizacional.

Essa é a 3ª norma com maior número de certificados no mundo, o Brasil está em 26º lugar na pontuação dos países com maior número de certificações, segundo a ISO (2023), conforme apresentado, no quadro 4, a seguir.

Quadro 4 - Relação de países e número de certificados ISO 45001

Country	certificates	sites
China	188778	189846
Italy	13299	30234
United Kingdom of Great Britain and Northern Ireland★	9933	16611
India	7801	8854
Spain	5234	13844
Romania	3481	4226
Australia	3242	5988
Germany	3037	8010
Colombia	2594	3584
Czech Republic	2422	2712
Korea (Republic of)	2383	2998
Turkey	2109	2469
Indonesia	2077	2896
Belarus	2076	2260
United Arab Emirates	1996	2719
Taiwan, Province of China	1866	4340
Japan	1685	3728
Singapore	1668	2295
Poland	1646	2580
Bulgaria	1627	1868
France	1570	5200
United States of America	1499	3411
Thailand	1459	2378
Serbia	1365	1821
Malaysia	1349	1946
Brazil	1337	2451
Hungary	1263	1724

Fonte: ISO (2023).

Alguns tópicos dos requisitos de 1 a 3 precisam ser explicados antes de falarmos das práticas de gestão dos requisitos de 4 a 10. Veremos esses tópicos a seguir:

- Ciclo PDCA: foi abordado anteriormente, mas aqui se destaca que as normas de gestão incorporaram o Ciclo PDCA, onde uma organização pode usar esse ciclo para garantir que seus processos tenham recursos suficientes e sejam gerenciados adequadamente, bem como para identificar oportunidades de melhoria. A figura 28, a seguir, apresenta a ideia do Ciclo PDCA, seguindo as diretrizes dessa norma.

Figura 28 – Sistemas de SSO com identificação do PDCA

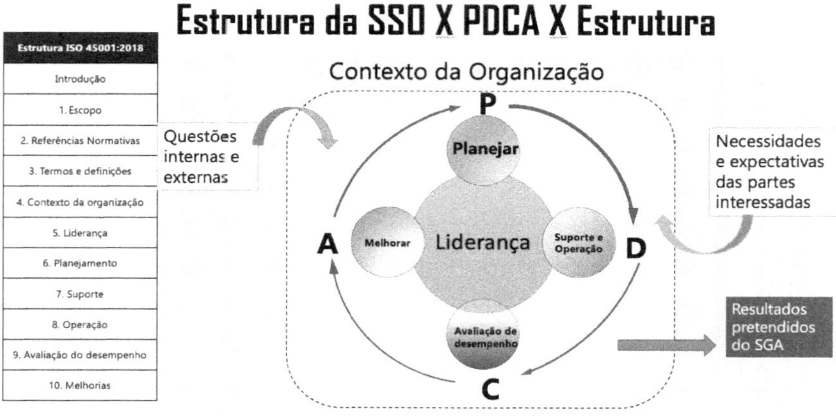

Fonte: adaptada da ABNT NBR ISO 45001 (2018).

Pode-se dizer que, na figura 28, é importante considerar a ideia de um sistema adaptável em um processo interativo usado pelas organizações para alcançar a melhoria contínua. Pode ser aplicado a um sistema de gestão e a cada um dos seus elementos individuais, como:

Planejar: identificar e avaliar os riscos e as oportunidades de SSO, além de outros perigos e possibilidades, estabelecer objetivos e processos de SSO, necessários para entregar resultados, de acordo com a política de SSO da organização.

Fazer: executar os processos, conforme planejado.

Verificar: observar e medir as atividades e processos em relação à política.

Com a rotação do ciclo PDCA espera-se que uma organização atenda sua política de ambiente e melhore seu desempenho ambiental; atenda aos requisitos legais e outros, quando necessário, e alcance seus KPI's. Um ciclo PDCA não possui fim, refletindo uma busca constante de aprimoramento, para a melhoria do SGSSO.

- Além da certificação, a ABNT NBR ISO 45001 (2018, p. 8) descreve que uma empresa, além da certificação por um OCC, pode demonstrar sua conformidade com a norma das seguintes formas:

  - fazer uma autoavaliação e autodeclaração, ou
  - buscar uma confirmação de sua conformidade por partes que tenham um interesse na organização, como clientes, ou
  - buscar uma confirmação de sua autodeclaração por uma parte externa à organização, ou
  - buscar uma certificação/registro do seu sistema de SSO por uma organização externa.

Agora veremos de forma simples, alinhada ao anexo SL, para facilitar uma futura integração entre os requisitos de um sistema integrado, que, em caso de maiores dados e informações, solicito uma leitura na íntegra da ABNT NBR ISO 45001, em sua versão mais recente.

Requisito 4 – Contexto da organização

O contexto organizacional da ABNT NBR ISO 45001 é um requisito que visa garantir que a organização entenda as necessidades e expectativas em relação à saúde e segurança ocupacional (SSO) de seus funcionários e outras partes interessadas. O requisito tem como objetivo ajudar a organização a entender o ambiente em que opera e a considerar os fatores internos e externos, que podem afetar seu sistema de gestão de SSO. Aspectos internos, como recursos, cultura e processos, podem ser pontos fortes ou fracos da organização. As questões externas podem ser oportunidades ou ameaças, como requisitos legais, tendências do mercado e expectativas da sociedade.

Aqui estão os principais conceitos deste requisito segundo a ABNT NBR ISO 45001 (2018):

- **Compreensão das necessidades e expectativas dos trabalhadores e outras partes interessadas**: a organização deve identificar e entender sua estrutura, atividades, missão, visão, valores, questões externas e internas e partes interessadas relevantes para o seu propósito e quaisquer impactos que possam afetar sua capacidade de alcançar os resultados pretendidos do sistema de gestão de SSO. As partes interessadas podem ser trabalhadores, clientes, fornecedores, acionistas, órgãos reguladores, comunidade etc. Isso inclui considerar as questões legais, contratuais, éticas, culturais, sociais, tecnológicas e econômicas que podem afetar a saúde e segurança no trabalho.
- **Determinação do escopo do sistema de gestão de SSO**: os limites e a aplicabilidade do sistema de gestão de SSO devem ser definidos pela organização para definir seu escopo. O escopo deve levar em consideração questões internas e externas, necessidades e expectativas das partes interessadas, produtos, atividades, processos, serviços, localizações e áreas pertinentes da organização, bem como sua autoridade e capacidade de exercer controle e influência sobre seu sistema de gestão de SSO. É necessário manter o escopo disponível e mantido como informação documentada, para que a organização e suas partes interessadas o consideram adequado.
- **Sistema de gestão da SSO:** a organização deve construir, implementar, manter e melhorar continuamente um sistema de gestão de SSO, de acordo com os requisitos da norma ISO

45001. O sistema de gestão de integração total (SSO) deve ser compatível com os processos da empresa e alinhado com a sua estratégia.

Requisito 5 – Liderança

Liderança além de ser um requisito é um princípio essencial para um SGSSO, por isso está no centro da figura 27, vista anteriormente, porque destaca a importância da liderança no comprometimento, desenvolvimento de uma cultura de saúde e segurança ocupacional (SSO), e garante a participação dos trabalhadores e outras partes interessadas para obter um Sistema de Gestão e Saúde e Segurança Ocupacional (SGSSO) eficaz na empresa. Para garantir que o sistema de gestão de SSO funcione bem, os líderes devem estar comprometidos e serem responsáveis.

A liderança deve garantir que a importância da SSO seja comunicada de forma eficaz em todos os níveis da organização, bem como para as partes interessadas relevantes. Isso pode envolver a comunicação regular de metas, desempenho, riscos, oportunidades e iniciativas relacionadas à SSO.

Segundo a norma (ABNT NBR ISO 45001, 2018), a alta direção deve:

- Garantir que a política de SSO e os objetivos relacionados sejam criados e alinhados com a estratégia da organização; assumir total responsabilidade pela garantia de ambientes de trabalho e atividades seguras e saudáveis, bem como pela prevenção de lesões e problemas de saúde relacionados ao trabalho; garantir que os recursos necessários para estabelecer, implementar, manter e melhorar o sistema de gestão de SSO que estejam disponíveis; integrar os requisitos do sistema de gestão de SSO nos processos de negócios da organização; mostrar que o sistema de gestão de SSO é importante e que se deve cumprir os requisitos de SSO; criar e gerenciar uma cultura na empresa que apoie os resultados do sistema de gestão de SSO; liderar e promover uma cultura na organização que apoie os resultados pretendidos do sistema de gestão de SSO; proteger os trabalhadores de represálias ao relatar incidentes de riscos, oportunidades e perigos; garantir que a organização estabeleça e implemente um processo de consulta e participação dos trabalhadores; e promover a melhoria contínua.

- A alta direção deve estabelecer, implementar e manter uma política de SSO que seja adequada ao propósito e ao contexto da organização. Essa política deve incluir o compromisso de prevenir lesões e doenças relacionadas ao trabalho, cumprir os requisitos legais e outros requisitos aplicáveis, além de melhorar continuamente o desempenho de SSO, incluindo a natureza, escala e impactos dos riscos de SSO. A política de SGSSO deve fornecer uma estrutura para estabelecer objetivos de SSO, incluindo comprometimento com a satisfação dos requisitos legais e outros requisitos, comprometimento com a eliminação de perigos e riscos de SSO, comprometimento com a melhoria contínua, consulta e participação dos trabalhadores e garantindo que a informação seja registrada, comunicada, disponível e acessível a todas as partes interessadas no SGSSO.

- Para garantir que o sistema de gestão de SSO seja atribuído, comunicado e documentado dentro da organização, a alta direção deve determinar quem é responsável por cada tarefa. Isso inclui identificar uma ou mais pessoas responsáveis pela gestão do sistema de gestão de SSO, bem como a responsabilidade de cada indivíduo por trabalhar nos aspectos relacionados à SSO. Esses indivíduos devem ter autoridade para garantir que o sistema de gestão de SSO cumpra os requisitos da norma NBR ISO 45001 e reporte o desempenho à alta direção.

- A liderança deve estabelecer procedimentos que permitam que os trabalhadores participem e consultem sobre problemas de SSO. Isso inclui estabelecer canais de comunicação para que os funcionários, incluindo os terceirizados, possam expressar suas preocupações sobre saúde e segurança ocupacional.

Uma organização deve fornecer aos indivíduos o tempo, o treinamento e os recursos necessários para a consulta e a participação, permitindo que eles tenham acesso a informações relevantes, claras e compreensíveis sobre a gestão da SSO. A organização identificará as necessidades e expectativas de todas as partes interessadas e atribuirá funções, responsabilidades e autoridade aos funcionários de nível não gerencial. Os obstáculos ou barreiras a sua participação devem ser eliminados ou minimizados, explicando como monitorar, medir, avaliar e manter os programas de auditorias para atender aos objetivos e planos de SSO. A participação de trabalhadores em níveis não gerenciais é crucial para a identificação de perigos e avaliação de riscos e oportunidades, pois as ações para eliminar esses perigos e redução desses riscos são mais ágeis. Portanto, os funcionários que ocupam cargos não gerenciais também precisam de treinamento e avaliação dessa capacitação, em conformidade com os requisitos de competência, para que estejam preparados no caso de acidentes ou não conformidades e para medidas de controle e gerenciamento.

A promoção de uma cultura de SSO e a incorporação dos princípios e requisitos da ISO 45001, na organização, dependem da liderança. O comprometimento, a comunicação eficaz, o envolvimento dos funcionários e a análise crítica regular, por parte da liderança, são necessários para a implementação desses componentes. Para obter instruções detalhadas e atualizadas sobre o item "Liderança" e seus subitens, recomenda-se consultar a norma NBR ISO 45001 completa para obter orientações detalhadas e atualizadas.

Requisito 6 – Planejamento

O item de planejamento da ABNT ISO 45001:2018 exige que as organizações planejem as ações necessárias para estabelecer, implementar, manter e melhorar continuamente o sistema de gestão de saúde e segurança ocupacional (SSO) para alcançar os resultados pretendidos.

Ele se concentra no estabelecimento dos procedimentos necessários para identificar, avaliar e tratar os riscos e oportunidades relacionados à saúde e segurança ocupacional (SSO). Garantir que a empresa tenha planos e medidas adequadas para prevenir lesões e doenças ocupacionais e melhorar continuamente o desempenho de SSO é o objetivo.

A empresa deve identificar e avaliar as oportunidades e os riscos associados ao seu sistema de gestão de SSO. Isso pode incluir riscos de fatores sociais, perigos decorrentes de rotinas, acidentes, doenças ocupacionais, potenciais emergências, não conformidades legais, mudanças no ambiente de trabalho, questões internas e externas, necessidades e expectativas das partes interessadas, entre outras coisas. Com base nessa avaliação, ações preventivas ou corretivas devem ser implementadas para abordar esses riscos e oportunidades, uma prática interessante e apresentada para controlar esses riscos está no diagrama de funil 1.

Gráfico de Funil 1 – Hierarquia de controle de riscos

Fonte: elaborado pelo autor (2024).

A hierarquia do gráfico de funil 1, demonstra os tipos de controle que se pode executar para melhorar e minimizar os riscos à vida do trabalhador, em que o mais efetivo é a eliminação dos riscos e o menos efetivo é minimizar os perigos do ambiente através de EPI's – Equipamento de Proteção Individual ou EPC´s – Equipamento de Proteção Coletivo.

A organização deve fazer planos para avaliar e eliminar os perigos e reduzir os riscos de SSO, cumprir os requisitos legais e outros requisitos, alcançar os objetivos de SSO e integrar as ações ao sistema de gestão de SSO.

Ao planejar e executar ações para abordar oportunidades em seus processos, melhorando o desempenho de SSO, considerando mudanças planejadas, suas políticas, atividades, oportunidade para adaptar o trabalho em melhores condições aos trabalhadores, eliminando o perigo e reduzindo os riscos de SSO. O objetivo é prevenir ou mitigar os efeitos negativos e aproveitar as oportunidades do SGSSO.

Para a norma ABNT NBR ISO 45001 (2018, p.16): "quando planejar suas ações, a organização deve considerar as melhores práticas, opções tecnológicas e requisitos financeiros, operacionais e de negócio".

A empresa deve estabelecer, implementar e manter processos para acesso a requisitos legais atualizados e outros aplicáveis aos seus perigos e riscos do SGSSO, determinando como estes requisitos serão comunicados, preparados para responder a emergências em todos os seus processos, e melhorado continuamente, mantendo e retendo informações documentadas sobre os seus requisitos legais e outros requisitos.

A empresa deve fazer um plano para atingir seus objetivos de SSO, especificando o que será feito, quais recursos serão necessários, quem será responsável, deve também preparar-se para responder emergências, verificar quando o trabalho será concluído e como os resultados serão satisfatórios. O objetivo da qualidade é traduzir a política de SSO em metas precisas, integradas ao SGSSO e alinhadas na direção estratégica da organização, incluindo seus riscos e oportunidades. Esses objetivos são essenciais para avaliar o progresso da organização e tomar medidas corretivas, quando necessário.

A organização tem mais chances de alcançar a melhoria contínua, atender aos requisitos das partes interessadas, da legislação e aumentar a eficiência operacional, abordando riscos e oportunidades e planejando as ações necessárias para alcançá-los. Além disso, o planejamento adequado de mudanças garante que elas sejam implementadas de forma controlada, minimizando os riscos e maximizando os benefícios para a organização, considerando fatores internos e externos que podem afetar seu desempenho.

Requisito 7 – Suporte

Aborda a necessidade de fornecer recursos adequados para criar e melhorar o local de trabalho e para a operação eficaz de um sistema de gestão de Saúde e Segurança Ocupacional – SGSSO.

O planejamento, o monitoramento, a avaliação e a melhoria contínua são questões necessárias para essas atividades, com o intuito de garantir que os recursos sejam adequados e suficientes para as necessidades do SGSSO e as expectativas das partes interessadas.

O requisito Apoio também requer uma comunicação efetiva entre as partes interessadas internas e externas envolvidas no SGSSO. Portanto, o requisito Apoio pode ser considerado um dos mais abrangentes e desafiadores da norma NBR ISO 45001, sua implementação eficaz é necessária para garantir que a empresa tenha os recursos adequados, as pessoas competentes e a conscientização necessária.

O requisito Apoio, conforme a ABNT NBR ISO 45001 (2018), abrange os seguintes tópicos ou sub-requisitos:

- Competência: de acordo com este tópico, uma empresa deve determinar as competências necessárias para os indivíduos que participam de atividades que impactam o desempenho e a eficácia do SGSSO. A empresa deve garantir que essas pessoas tenham habilidades adequadas por meio de educação, treinamento ou experiência sobre o tema que afeta ou pode afetar a SSO. Uma organização deve agir para adquirir e manter as competências necessárias e depois avaliar sua eficácia. Isso inclui determinar as habilidades necessárias, fornecer treinamento adequado, avaliar a força do treinamento, recursos e manter registros de habilidades. Garantir que as pessoas sejam competentes e conscientes da qualidade, também pode ser um desafio motivador e implementador de programas de treinamento e conscientização eficientes.

- Conscientização: a organização deve garantir que os indivíduos que realizam atividades sob seu controle tenham familiaridade com a política da qualidade, dos objetivos da qualidade, dos requisitos do cliente, dos perigos e riscos de SSO, que são relevantes para as suas vidas, para que possam se afastar dessas situações e se protegerem. Devem também estar conscientes de sua contribuição para a eficácia do SGSSO, dos benefícios da melhoria do desempenho e das consequências de não cumprirem os requisitos do SGSSO.

- Comunicação: a organização deve estabelecer processos eficazes de comunicação interna e externa e requisitos legais relevantes ao sistema de gestão da qualidade, incluindo, o que, quando, com quem, como e quem comunica. Isso envolve garantir que as informações pertinentes sejam comunicadas de maneira adequada, compreendidas por todas as partes relevantes e registradas de maneira eficiente.

Além disso, criar processos de comunicação sólidos, especialmente em organizações que têm hierarquias ou estruturas de comunicação complexas. Isso ocorre porque é necessário manter o conhecimento organizacional da empresa para garantir que seus processos atendam a produtos e serviços dentro das especificações.

- Informação documentada: este tópico estabelece os requisitos gerais para a criação e atualização da informação documentada, necessária para o SGSSO e para a operação dos processos. A informação documentada deve ser identificada, descrita, formatada, revisada e aprovada antes da sua emissão. A informação documentada também deve ser controlada para garantir sua disponibilidade, adequação, proteção, rastreabilidade, distribuição, armazenamento, recuperação, retenção e disposição.

A identificação e o fornecimento de recursos adequados para o SGSSO são alguns dos elementos que podem exigir uma abordagem mais complexa para atender a esse requisito, especialmente em organizações que têm várias unidades de negócios ou localizações geograficamente distantes.

Requisito 8 – Operação

Aborda os requisitos relacionados à execução das atividades operacionais, necessárias para atender o sistema de gestão de SSO.

A complexidade do requisito 8, da NBR ISO 45001, depende do tamanho, do tipo e da natureza da organização. Em geral, esse requisito envolve uma série de atividades sincronizadas e relacionadas à execução dos processos, para que reduzam risco de acidentes dentro da organização, o que pode ser desafiador, especialmente em organizações grandes e complexas. Essas atividades exigem planejamento, controle, verificação, validação, monitoramento, medição, análise crítica e melhoria contínua para garantir que os processos atendam ao requisito 6, dessa norma.

O requisito 8, da ABNT NBR ISO 45001 (2018), refere-se à operação do sistema de gestão de segurança e saúde ocupacional (SGSSO). Ele se divide em tópicos ou sub-requisitos:

- Planejamento e controle operacional: a empresa deve implementar controles operacionais adequados para evitar, reduzir ou eliminar os riscos associados à SSO. Isso pode incluir a implementação de controles técnicos, procedimentos seguros de trabalho, uso adequado de EPI's e outras medidas de segurança, segundo a legislação pertinente. Isso estabelece padrões operacionais para os processos; define como controlar os processos e implementar controles para eliminar os perigos e reduzir os riscos de SSO, adaptando o trabalho para mitigar riscos ocupacionais. Quando existirem multiempregadores, as medidas devem ser coordenadas com todas as empresas. A organização deve manter e reter registros de controle e avaliar regularmente sua eficácia.

- Gestão de mudanças: a organização deve implementar um método de gerenciamento de mudanças que possa afetar a SSO. Isso inclui avaliar os efeitos das mudanças planejadas, identificar medidas de controle necessárias e comunicar a organização, que deve estabelecer, implementar e manter um processo para identificar e avaliar as mudanças planejadas ou não planejadas, medidas de controle necessárias, comunicar as mudanças aos trabalhadores relevantes e garantir que as medidas de controle sejam implementadas, antes da introdução das mudanças que possam afetar o seu sistema de gestão de SSO e seus arredores. A organização deve determinar os efeitos possíveis das alterações no sistema de gestão de SSO, tomar as medidas necessárias para evitar ou reduzir os riscos associados às alterações e avaliar a eficácia das medidas após as alterações.
- Aquisição: a empresa deve levar em consideração os padrões de saúde e segurança ocupacional, quando compra bens e serviços de fontes externas. A avaliação dos riscos associados aos produtos e serviços e a verificação da conformidade com os requisitos de SSO são parte disso. A organização deve criar, implementar e manter um processo para controlar as atividades, produtos ou serviços contratados por entidades externas, que possam afetar seu sistema de gestão de SSO. Essas entidades incluem fornecedores, contratados ou prestadores de serviços. A organização deve determinar os padrões para selecionar, avaliar e monitorar os provedores externos, em relação ao seu desempenho em SSO; comunicar aos provedores externos os requisitos aplicáveis do sistema de gestão de SSO

da organização; e verificar se os provedores externos atendem aos requisitos acordados.

- Preparação e resposta de emergência: A organização deve estar preparada para lidar com emergências que possam comprometer a saúde e a segurança do trabalho. Isso inclui o desenvolvimento de planos de emergência, treinamento em primeiros socorros e resposta a emergências, bem como simulações e exercícios regulares.

  A organização deve criar, implementar e manter um processo para se preparar e responder às emergências que possam afetar o seu sistema de gestão de SSO. Isso inclui situações que possam causar doenças, lesões ou mortes aos trabalhadores ou outras partes interessadas.

- Controle de saídas não conformes: Quando produtos ou serviços não conformes forem identificados, devem ser feitas correções, segregação, contenção, retorno ou suspensão de entrega de produtos ou matérias-primas, além de informar ao cliente, o mais rápido possível, ou obter concessão de autorização de aceitação, mantendo registros dessas informações.

Requisito 9 – Avaliação de desempenho

É um requisito que visa garantir que o sistema de gestão de saúde e segurança ocupacional (SSO) da organização seja monitorado, avaliado, em termos de desempenho. Essa avaliação é essencial para garantir a eficácia contínua do sistema e identificar oportunidades de melhoria. O requisito «Avaliação de Desempenho» exige que esses subitens sejam atendidos. O requisito 9, da NBR ISO 45001, refere-se à avaliação de desempenho do sistema de gestão da qualidade (SGSSO). Ele se divide em tópicos ou sub-requisitos:

- Monitoramento, medição, análise e avaliação de desempenho: a organização deve criar um método para monitorar, medir, analisar e avaliar o desempenho de SSO. Isso inclui a coleta de dados pertinentes, como incidentes, acidentes, doenças ocupacionais, não conformidades, indicadores de desempenho, calibrações de equipamentos, serviços prestados pela organização ou por terceiros, requisitos legais e outros requisitos, perigos e riscos de SSO, oportunidades de melhoria e outros dados relevantes. A organização deve analisar e avaliar os resultados do monitoramento e medição, sistemicamente, para verificar se o sistema de gestão de SSO atende aos requisitos planejados, se os objetivos de SSO são alcançados e se as ações para eliminar os perigos e reduzir os riscos de SSO são eficazes. Os processos de avaliação da não conformidade devem incluir sua frequência, o método utilizado para avaliar a não conformidade e a ação tomada, monitorando e analisando os resultados. A organização deve manter registros sobre os resultados dessas atividades.

- Auditoria interna: este tópico estabelece que a organização deve realizar auditorias internas em intervalos planejados, conduzidas por pessoas independentes das áreas auditadas, para verificar se o SGSSO está conforme com os requisitos da norma, com os requisitos próprios da organização e com os requisitos legais e regulamentares aplicáveis. A organização deve, também, verificar se o SGSSO é implementado e mantido de forma eficaz. A organização deve planejar, conduzir, relatar e acompanhar as auditorias internas, considerando o status e a importância dos processos e das áreas auditadas, bem como os resultados de auditorias anteriores. A organização deve definir os critérios, o escopo, a frequência e os métodos de auditoria. A organização deve selecionar os auditores e conduzir as auditorias em todas as áreas relevantes envolvidas, de forma a garantir a objetividade e a imparcialidade do processo de auditoria. A organização deve garantir que os resultados das auditorias sejam relatados às pessoas responsáveis pela área auditada, e que as ações corretivas sejam tomadas, sem demora indevida, para eliminar as não conformidades e fazer as melhorias detectadas. A organização deve reter informações documentadas sobre o programa de auditoria e sobre os resultados das auditorias.

- Análise crítica pela direção: este tópico estabelece que a alta direção deve analisar criticamente o SGSSO em intervalos planejados para assegurar sua contínua adequação, suficiência, eficácia e alinhamento com a direção estratégica da organização. A análise crítica pela direção deve considerar as informações de análises anteriores, no caso de alguma pendência, informações relevantes sobre o desempenho e a eficácia do SGSSO, incluindo Incidentes, política de SSO, não conformidades, ações corretivas e melhorias, além dos resultados de monitoramento, medição e avaliação com os requisitos legais e outros, desempenho dos processos e dos fornecedores externos, auditorias internas e externas, eficácia das ações tomadas para abordar os riscos e oportunidades de melhoria, mudanças no contexto externo e interno da organização, consulta e participação dos trabalhadores e necessidades de recursos. A análise crítica pela direção deve resultar em decisões e ações relacionadas à melhoria e eficácia do SGSSO, adequação do SSO para atingir os resultados pretendidos, melhorias potenciais, mudanças no seu sistema e implicações para a direção estratégica da organização e os recursos necessários. A organização deve reter os registros com informações documentadas sobre os resultados/saídas da análise crítica pela direção.

É importante ter em mente que a avaliação de desempenho de SSO deve ser realizada de forma sistemática, empregando técnicas e métodos apropriados para coletar dados confiáveis e pertinentes. A empresa deve registrar as atividades de avaliação de desempenho, registrar os resultados e manter evidências de que as correções e melhorias foram implementadas. Para obter instruções detalhadas e atualizadas sobre o requisito de «Avaliação de Desempenho» e seus subitens, recomenda-se consultar a norma ABNT NBR ISO 45001 completa.

Requisito 10 – Melhoria

Trata dos requisitos relacionados à melhoria contínua do sistema de gestão da qualidade. Essa cláusula enfatiza a importância de identificar oportunidades de melhoria, implementar ações corretivas e preventivas, além de promover a inovação dentro da organização.

Trabalhar para garantir que o sistema de gestão de saúde e segurança ocupacional (SSO) e o desempenho da organização continuem melhorando. A melhoria contínua é necessária para aprimorar o sistema de gestão de SSO, reduzir o número de lesões e doenças ocupacionais e criar um ambiente de trabalho seguro. Isso envolve o estabelecimento de metas e planos de melhoria, a implementação das ações planejadas, a revisão dos resultados alcançados e a atualização dos processos e práticas, conforme necessário.

O Requisito 10, da NBR ISO 45001, refere-se à melhoria do sistema de gestão de saúde e segurança ocupacional (SGSSO). Ele se divide em tópicos ou sub-requisitos:

- Generalidades: a organização deve identificar e selecionar oportunidades de melhoria que ajudem a atingir os objetivos do sistema de gestão de SSO. Esses resultados incluem a prevenção de doenças e lesões relacionadas ao trabalho, à satisfação dos requisitos legais e outros requisitos, à eliminação de perigos e riscos de SSO e ao aumento da satisfação dos trabalhadores e outras partes interessadas. Ao planejar e implementar ações de melhoria, a organização deve levar em consideração os resultados da análise e avaliação do desempenho de SSO, da avaliação das ações corretivas e não conformidades, das auditorias internas, da análise crítica da direção e das comunicações pertinentes com as partes interessadas.
- Incidente, não conformidade e ação corretiva: este sub-requisito estabelece que a organização deve reagir as não conformidades, onde tomar ações para controlá-las e corrigi-las pode ser desafiador. A organização deve também avaliar a necessidade de identificar e eliminar as causas das não confor-

midades, de forma a evitar sua repetição ou ocorrência em outros processos. Isso envolve identificar a não conformidade, avaliar sua gravidade, determinar as causas raízes, implementar ações corretivas, verificar a eficácia dessas ações e registrar os resultados. A organização deve implementar quaisquer ações necessárias, analisar criticamente sua eficácia e atualizar os riscos e oportunidades, conforme necessário. A organização deve reter informações documentadas sobre as não conformidades, as ações tomadas e os resultados das ações corretivas.

- Melhoria contínua: a organização deve criar, implementar e manter um processo para lidar com incidentes e não conformidades, que possam afetar o seu sistema de gestão de SSO. Esses incidentes incluem aqueles que podem causar lesões, doenças ou mortes aos funcionários ou outras partes interessadas. A organização deve reagir rapidamente a incidentes e não conformidades, tomar medidas para controlá-los e corrigi-los na fonte, lidar com os efeitos colaterais e descobrir o que levou a isso. A organização deve avaliar se é necessário tomar medidas corretivas para corrigir as fontes dos incidentes e não conformidades, para que não se repitam ou ocorram novamente.

A empresa deve tomar medidas corretivas imediatamente; avaliar sua eficácia e se atualizar sobre os riscos e oportunidades encontrados, para aumentar o desempenho da SSO, incluindo a participação dos trabalhadores. Todo o incidente, não conformidade, ação corretiva e melhoria precisam manter seus registros e comunicá-los aos representantes dos trabalhadores e outras partes relevantes, o mais breve possível.

Terminamos aqui uma abordagem conceitual do entendimento aos requisitos da NBR ISO 45001. Importante lembrar que, em requisitos legais, cada empresa precisa saber qual a norma regulamentadora adequada aos seus negócios.

CAPÍTULO 6.
INTEGRAÇÃO DOS SISTEMAS DE GESTÃO

6.1 Metodologia de Implantação

Com a crescente pressão para que as organizações racionalizem seus processos de gestão, várias delas veem na integração do Sistema de Gestão uma excelente oportunidade para reduzir custos relacionados, por exemplo, a manutenção de diferentes estruturas de controle de documentos, auditorias, registros, custo diminuído da gestão, menor complexidade interna, processo de certificação simplificado, facilidade e programa de melhoria, dentre outros. O que reflete em um sistema integrado, por exemplo, com melhor desempenho da qualidade, da gestão ambiental e da segurança ocupacional, uma vez que a incompatibilidade entre elas foi eliminada através do anexo SL.

A implementação de um sistema integrado de gestão robusto, flexível e dinâmico é unificado para melhorar os sistemas de gestão existentes em uma empresa. Esses exemplos incluem combinação dos processos de gerenciamento de sistemas de gestão da qualidade, gestão ambiental, de saúde e segurança ocupacional, entre outros. O objetivo é aumentar a eficiência, reduzir custos, aumentar a produtividade, facilitar o cumprimento dos requisitos legais e outros requisitos e atender às necessidades e expectativas das partes interessadas. A figura 29 demonstra o que se pretende assegurar em um sistema de gestão integrado – SIG. Esse sistema procura ter: política corporativa, metas (KPI´s), estratégias ambientais, um ambiente que garanta a integridade de seus participantes e os trate de maneira responsável.

Figura 29 – Expectativas de um SIG

Fonte: elaborado pelo autor (2024).

Alguns pontos precisam de atenção como em uma implantação única, são eles:
- Busca por uma cultura de mudanças e melhorias.
- Total apoio e participação da alta direção.
- Promoção de uma visão sistêmica.
- Deve estar alinhado com a cultura organizacional.
- A definição da estratégia e dos objetivos (KPI´s) devem ter a participação dos envolvidos.
- Investimento na capacitação, treinamento e desenvolvimento das pessoas.

- Criação de uma equipe de apoio para a implantação, mesmo que seja *part time*.
- Utilização da gestão por objetivos e aplicação da gestão por rotinas.

Além disso, ainda temos as vantagens de melhoria de imagem em âmbito nacional e internacional, melhoria da satisfação e seguranças das partes interessadas, e redução de recursos internos e infraestrutura. Para a manutenção do SGI, a figura 30 apresenta outros benefícios.

Figura 30 – Benefícios de um SIG

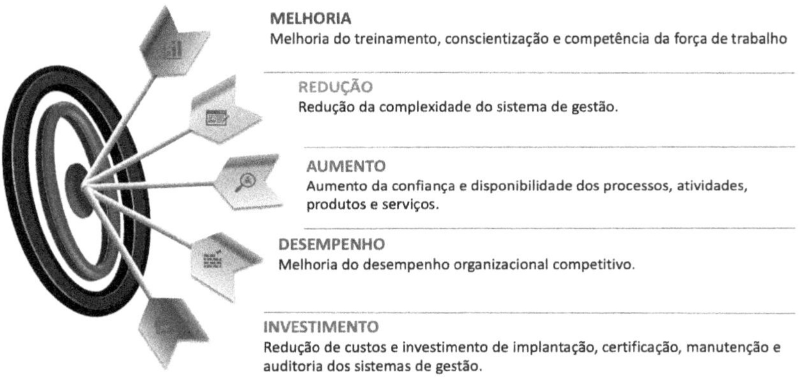

MELHORIA
Melhoria do treinamento, conscientização e competência da força de trabalho

REDUÇÃO
Redução da complexidade do sistema de gestão.

AUMENTO
Aumento da confiança e disponibilidade dos processos, atividades, produtos e serviços.

DESEMPENHO
Melhoria do desempenho organizacional competitivo.

INVESTIMENTO
Redução de custos e investimento de implantação, certificação, manutenção e auditoria dos sistemas de gestão.

Fonte: elaborado pelo autor (2024).

Existem alguns passos que são realizados para facilitar a integração do SIG, que são:

- Definir as necessidades do negócio em relação ao controle dos processos e aos objetivos da integração; é fundamental fazer planos detalhados para a instalação do sistema integrado de gestão da qualidade, meio ambiente e SSO, como em qualquer outro projeto. Identificar os objetivos e requisitos específicos de cada área e descrever claramente as políticas, metas e indicadores de desempenho que o sistema abordará. É fundamental identificar e analisar os requisitos legais, regulamentares e normativos aplicáveis à qualidade, ao meio ambiente e SSO. Isso inclui leis ambientais, regulamentos de saúde e segurança ocupacional e padrões de qualidade relevantes. Certificar-se de compreender e cumprir todas as obrigações legais e regulamentares relevantes.

- Escolher ou desenvolver o software adequado para integrar dados e procedimentos de várias áreas (Qualidade, Meio ambiente e SSO) em um ambiente único; procurar um sistema que permita a integração entre as áreas e tenha módulos ou funcionalidades dedicados a cada área. Considerar fornecedores que sejam confiáveis, com experiência comprovada e que ofereçam o suporte necessário. Configurar o software para atender às necessidades de qualidade, meio ambiente e SSO da empresa. Para cada setor, criar fluxos de trabalho, formulários, indicadores de desempenho e outras configurações específicas. O sistema deve ser ajustado para atender às políticas e procedimentos internos da organização.
- Realizar um diagnóstico da situação atual dos sistemas de gestão existentes, para determinar suas qualidades positivas, negativas, oportunidades e ameaças; os processos relacionados a essas áreas devem ser incorporados aos sistemas integrados de gestão da qualidade, meio ambiente e SSO.
- Construir um plano de integração que especifique as etapas, recursos, responsáveis, prazos e indicadores do projeto; a criação de procedimentos para gestão de não conformidades, controle de documentos, gestão de riscos, gestão de fornecedores e investigação de incidentes pode ser um exemplo disso. Garantir que os processos entre várias áreas estejam alinhados e integrados.
- Capacitar os membros da equipe que participam do projeto e dos processos integrados; certificar-se de que os funcionários envolvidos nas áreas de qualidade, meio ambiente e SSO recebam treinamento adequado. Eles devem ter uma

compreensão profunda das políticas, procedimentos e práticas envolvidas no sistema integrado de gestão. Fornecer treinamento específico sobre o uso do software e as responsabilidades para cada área.

- Executar o plano de integração e realizar testes para garantir que o sistema integrado de gestão funcione corretamente; verificar se, e fato, o sistema integrado de gestão funciona corretamente e se atende aos requisitos estabelecidos. Verificar se os processos estão sendo executados conforme o planejado, se as integrações entre as áreas estão funcionando corretamente e se os indicadores de desempenho estão sendo medidos adequadamente. Antes de continuar, faça as modificações e validações necessárias. Com os testes e validações concluídos, comece a implementação do sistema integrado de gestão da qualidade, meio ambiente e SSO. Isso inclui adotar novos processos, usar o novo software e mudar os dados existentes para o novo sistema. Faça auditorias internas regulares; monitore o desempenho do sistema e tome medidas corretivas quando necessário.

- Observar e avaliar o sistema integrado de gestão e implementar melhorias contínuas. Uma avaliação e melhoria contínua são necessárias para os sistemas integrados de gestão da qualidade, meio ambiente e SSO. Encontre oportunidades de melhoria; implemente ações corretivas e preventivas; revise políticas e procedimentos e observe o desempenho em relação aos objetivos. Mantenha um ciclo de melhoria contínua.

A implementação de um sistema integrado de gestão da qualidade, meio ambiente e SSO – SIG é um processo complicado que requer o envolvimento de várias partes interessadas na organização. Para garantir o sucesso da implementação, certifique-se de que a alta administração, representantes das áreas envolvidas e uma equipe multidisciplinar estejam sempre envolvidos.

Para um SIG, precisamos manter aspectos distintos de cada norma, por exemplo, a NBR ISO 9001 possui requisitos mais detalhados para operação, processos, planejamento, produção e controle, enquanto a NBR ISO 14001 possui enfoque em ciclo de vida do produto, comunicação com as partes interessadas, aspectos e impactos ambientais, e legislação. Já a NBR ISO 45001 aborda a participação e consulta aos funcionários, legislação e hierarquia de controle etc., sendo que tudo isso deve ser respeitado. Veja a adaptação da planilha de Garg (2018), considerando essas adaptações e a integração do sistema.

Foi preenchido o requisito 4 para um possível plano de ação, para que o leitor possa preencher sua percepção, conhecendo a cultura organizacional de sua empresa. Isso pode ser acessado no link abaixo:

https://docs.google.com/spreadsheets/d/1ZldrLDhPO1Hes-6wv3MkOYvM2ln6685C/edit?usp=drive_link&ouid=107017113506446145780&rtpof=true&sd=true

CAPÍTULO 7.
MONITORANDO O SISTEMA DE GESTÃO (AUDITORIAS DE SGI – SISTEMA DE GESTÃO INTEGRADO)

Para o monitoramento do SGI ou de norma individual, usaremos o conceito de auditoria que tem como diretriz a NBR ISO 19011, concentrando-se em 3 diferentes tipos de auditorias: 1ª parte, 2ª parte e 3ª parte (apresentados na tabela 4). Ela possui 7 requisitos para uma auditoria de sistemas de gestão e abrange os princípios da auditoria, a organização de um programa de auditoria e a execução da auditoria de sistemas de gestão. Ela também fornece orientações sobre como avaliar a competência dos indivíduos envolvidos e gestores no processo de auditoria.

Tabela 4 – Diferentes tipos de auditorias

Auditoria de 1ª parte	Auditoria de 2ª parte	Auditoria de 3ª parte
Auditoria interna, realizada pela própria empresa. Seu objetivo é uma autoavaliação.	Auditoria externa realizada por um cliente ou partes interessadas em seus fornecedores externos. Seu objetivo é a avaliação do cliente.	Auditoria externa realizada por uma certificadora. Seu objetivo é uma avaliação independente para um processo de certificação ou acreditação.

Fonte: adaptação da ABNT NBR ISO 19011 (2018, p. viii).

A norma internacional NBR ISO 19011 fornece diretrizes para gerenciamento de programas de auditoria e sobre como planejar, estabelecer, executar e melhorar um programa de auditoria interno ou externo em uma variedade de áreas, como qualidade, meio ambiente, saúde e segurança ocupacional, entre outras.

Para entendermos esse processo, precisamos compreender o que significa auditoria, segundo a ABNT NBR ISO 19011 (2018), tem-se três definições importantes que são:

Auditoria (p. 1)
processo sistemático, independente e documentado para obter evidência objetiva (3.8) e avaliá-la objetivamente, para determinar a extensão na qual os critérios de auditoria (3.7) são atendidos.

Nota 1 de entrada: auditorias internas, algumas vezes chamadas de auditorias de primeira parte, são conduzidas pela própria, ou em nome da própria, organização.

Nota 2 de entrada: auditorias externas incluem aquelas, geralmente chamadas de auditorias de segunda e terceira partes. Auditorias de segunda parte são conduzidas por partes que têm um interesse na organização, como clientes, ou por outras pessoas em seu nome. Auditorias de terceira parte são conduzidas por organizações de auditorias independentes, como aquelas que fornecerem certificação/registro de conformidade, ou por agências governamentais.

Auditoria combinada (p. 2)

auditoria (3.1) realizada em um único auditado (3.13), em dois ou mais sistemas de gestão (3.18).

NOTA 1 de entrada: quando sistemas de gestão de duas ou mais disciplinas específicas são integrados em um único sistema de gestão, isso é conhecido como um sistema de gestão integrado.

Auditoria conjunta (p. 2)

auditoria (3.1) realizada em um único auditado (3.13), por duas ou mais organizações de auditoria.

Pela definição de auditoria, segundo a NBR ISO 19011, uma auditoria precisa ser planejada e realizada por profissional que não tenha vínculo com a área auditada, que ao avaliar o sistema e sua documentação de forma objetiva, em relação à(s) norma(s) auditada(s), podem emitir seu parecer de que os critérios são atendidos, ou não, em auditorias internas ou externas.

A auditoria combinada é a ideia de um SGI em uma organização e avaliada por dois ou mais critérios normativos. A auditoria combinada é quando existem auditorias no seu SGI, por duas ou mais certificadoras (OCC), tipicamente sendo realizada uma OCC para cada norma de seu SGI.

7.1 Princípios de auditoria

Os princípios de auditoria em sistemas de gestão são as diretrizes que guiam o comportamento e a conduta dos auditores e garantem que as auditorias sejam de qualidade e eficazes. Eles são essenciais para garantir a credibilidade e a confiabilidade das auditorias, além de permitir que auditores independentes e diferentes cheguem a conclusões semelhantes em situações comparáveis.

Esses princípios são baseados em padrões e normas internacionalmente reconhecidos e são amplamente aceitos como melhores práticas. Os princípios de auditoria principais para SG são os seguintes, conforme figura 31. Para maiores informações, recomenda-se a leitura da NBR ISO 19011.

Figura 31 – Princípios de auditoria

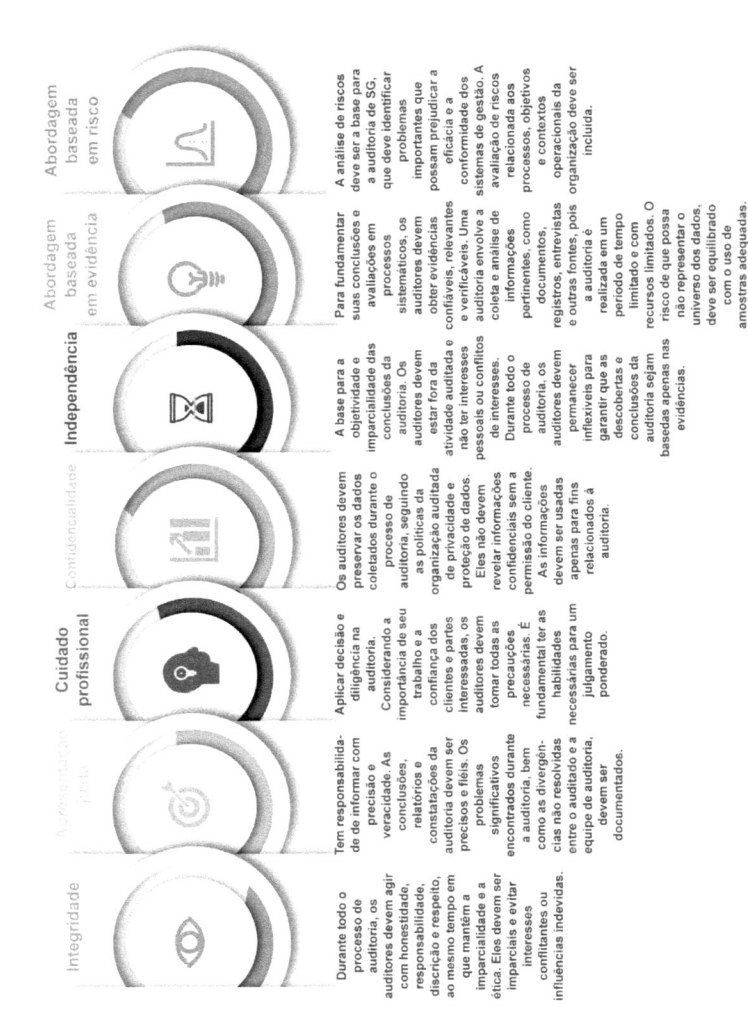

Fonte: elaborado pelo autor (2024).

Esses princípios de auditoria em SGI visam garantir a imparcialidade, qualidade e eficácia dos processos de auditoria, contribuindo para a melhoria contínua dos sistemas de gestão integrados nas organizações.

7.2 Gerenciando um programa de auditoria

De acordo com a NBR ISO 19011 (2018), o gerenciamento do programa de auditoria é o processo de planejar, implementar, monitorar, analisar criticamente e melhorar um conjunto de auditorias planejadas por um período determinado com o objetivo de fornecer informações sobre o desempenho e a conformidade dos sistemas de gestão auditados.

Um programa de auditoria deve ser criado e pode incluir auditorias que abordem uma ou mais normas de sistema de gestão ou outros requisitos, conduzidas separadamente ou em conjunto (auditoria combinada).

A extensão de um programa de auditoria deve ser determinada pelo tamanho e natureza do objeto de auditoria, bem como pela natureza, funcionalidade, complexidade, tipo de riscos e oportunidades e nível de maturidade do sistema de gestão a ser auditado.

Quando a maioria das tarefas essenciais é terceirizada e gerenciada por outras organizações, o sistema de gestão pode se tornar ainda mais complexo, assim, passa a ser gerenciado pela liderança de outras organizações. É necessário prestar especial atenção ao que constitui a alta direção do sistema de gestão e ao local onde são tomadas as decisões mais importantes. Por exemplo, quando importantes tarefas são terceirizadas e gerenciadas sob a liderança de outra organização, ou quando existem vários locais ou sites (por exemplo, diferentes nações), deve-se prestar especial atenção ao projeto, planejamento e validação do programa de auditoria.

O programa de auditoria pode ser ajustado para organizações menores ou menos complexas. Para entender o auditado, o programa de auditoria deve considerar os objetivos da organização, os problemas internos e externos, as necessidades e expectativas das partes interessadas e os requisitos de segurança e confidencialidade da informação.

A auditoria interna e, ocasionalmente, a auditoria de fornecedores externos podem ser planejadas para apoiarem outros objetivos da organização.

A pessoa responsável pelo programa de auditoria deve garantir a integridade da auditoria e evitar influências indevidas.

Quando se trata de um sistema de gestão que possui um alto risco inerente e um baixo nível de desempenho, a auditoria deve ser a primeira e mais importante etapa. O gerenciamento do programa de auditoria deve ser feito por pessoas qualificadas.

Para garantir que as auditorias sejam concluídas de forma eficiente e dentro dos prazos é necessário que o programa de auditoria inclua informações e identifique recursos. As informações necessárias para o programa de auditoria estão descritas na figura 32, considerando o conteúdo da NBR ISO 19011.

Figura 32 – Informações necessárias para um programa de auditoria

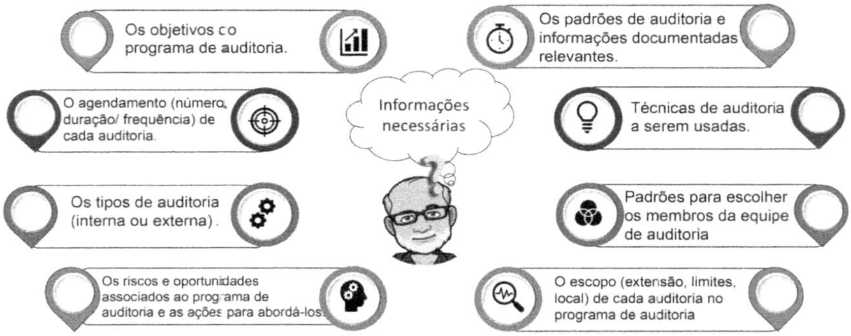

Os objetivos co programa de auditoria.

Os padrões de auditoria e informações documentadas relevantes.

O agendamento (número, duração/ frequência) de cada auditoria.

Informações necessárias

Técnicas de auditoria a serem usadas.

Os tipos de auditoria (interna ou externa).

Padrões para escolher os membros da equipe de auditoria

Os riscos e oportunidades associados ao programa de auditoria e as ações para abordá-los.

O escopo (extensão, limites, local) de cada auditoria no programa de auditoria

Fonte: elaborado pelo autor (2024).

Para garantir que os objetivos do programa de auditoria sejam alcançados é necessário monitorar e medir continuamente sua execução. O programa de auditoria deve ser examinado minuciosamente para determinar mudanças necessárias e oportunidades de melhoria.

Os principais componentes do gerenciamento do programa de auditoria, de acordo com a NBR ISO 19011 (2018, p. 9) são apresentados no fluxograma 1 e listados a seguir.

Fluxograma 1 – Processo de gerenciamento de um programa da auditoria

Fonte: adaptado da ABNT NBR ISO 19011 (2018, p. 9).

O ciclo PDCA (*Plan-Do-Check-Act*) é a base para o gerenciamento do programa de auditoria, apresentado pela ABNT NBR

ISO 19011 (2018), que inclui as etapas descritas no fluxograma 1, mencionadas a seguir:

Estabelecer os objetivos do programa de auditoria

O cliente da auditoria deve garantir que os objetivos do programa de auditoria sejam definidos para direcionar o planejamento e a condução da auditoria, bem como para garantir a implementação eficaz do programa. Os objetivos do programa de auditoria devem estar em conformidade com a direção estratégica do cliente da auditoria e atender à política e objetivos do sistema de gestão.

Estes objetivos podem ser alcançados tomando em consideração o seguinte: a) as necessidades e expectativas das partes interessadas pertinentes, internas e externas; b) as características e os requisitos dos processos, produtos, serviços e projetos, bem como quaisquer mudanças neles; c) os requisitos do sistema de gestão; d) a necessidade de avaliação de fornecedores externos; e) o desempenho e a maturidade do sistema de gestão auditado, como demonstrado por indicadores de desempenho pertinentes, como KPI's; f) os riscos e oportunidades identificados para o auditado; g) os resultados de auditorias anteriores.

Exemplos de objetivos de um programa de auditoria estão apresentados na figura 33, conforme NBR ISO 19011 (2018).

Figura 33 – Exemplos de objetivos de auditorias

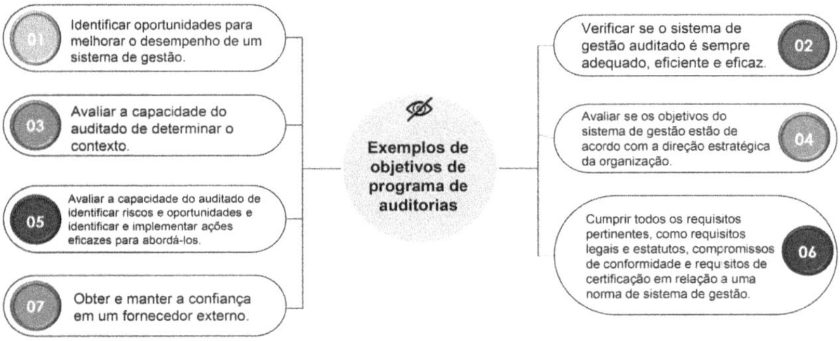

Identificar oportunidades para melhorar o desempenho de um sistema de gestão. 01

Avaliar a capacidade do auditado de determinar o contexto. 03

Avaliar a capacidade do auditado de identificar riscos e oportunidades e identificar e implementar ações eficazes para abordá-los. 05

Obter e manter a confiança em um fornecedor externo. 07

Exemplos de objetivos de programa de auditorias

Verificar se o sistema de gestão auditado é sempre adequado, eficiente e eficaz. 02

Avaliar se os objetivos do sistema de gestão estão de acordo com a direção estratégica da organização. 04

Cumprir todos os requisitos pertinentes, como requisitos legais e estatutos, compromissos de conformidade e requisitos de certificação em relação a uma norma de sistema de gestão. 06

Fonte: elaborado pelo autor (2024).

Determinar e avaliar os riscos e oportunidades do programa de auditoria

Existem riscos e oportunidades relacionados ao contexto do auditado que podem estar ligados a um programa de auditoria e podem afetar o alcance de seus objetivos. Ao desenvolver o programa de auditoria é necessário que a(s) pessoa(s) responsável(eis) por gerenciar o programa de auditoria identifique(m) e apresente(m) ao cliente os riscos e oportunidades que foram considerados, bem como os requisitos de recursos necessários para que o programa de auditoria seja abordado adequadamente. A seguir, na figura 34, estão alguns exemplos de problemas que podem surgir quando se trata de planejamento de auditoria.

Figura 34 – Exemplos de problemas no planejamento de auditoria

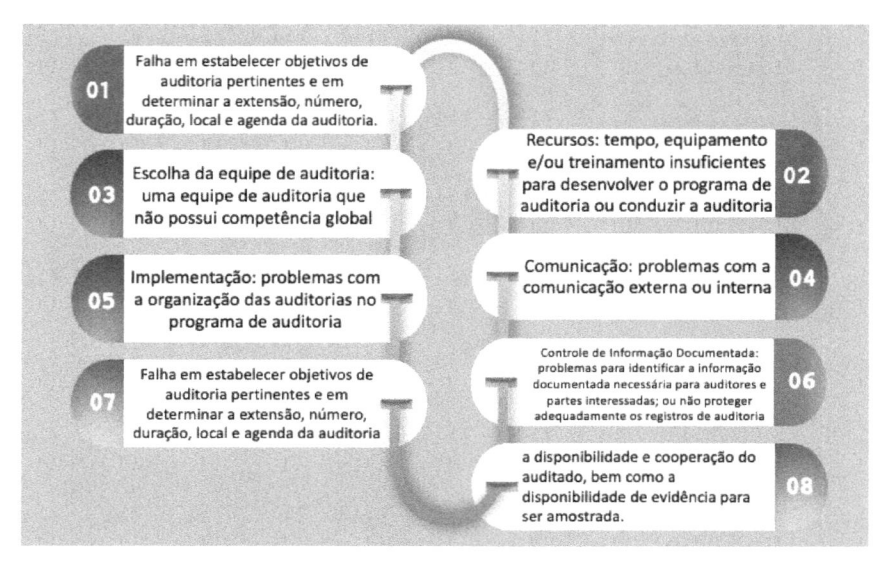

Fonte: elaborado pelo autor (2024).

Para melhorar o programa de auditoria pode-se permitir que várias auditorias de normas diferentes, sejam realizadas em uma única visita, reduzindo o tempo e a distância de viagem ao local. Recomenda-se alinhar o nível de competência da equipe de auditoria, com o nível de competência necessário para alcançar os objetivos da auditoria e alinhar as datas de auditoria com a disponibilidade do pessoal crítico do auditado.

Ao estabelecer o programa de auditoria a pessoa responsável pelo programa deve: a) determinar a extensão do programa de auditoria de acordo com os objetivos pertinentes e quaisquer restrições identificadas; b) identificar questões internas e externas, bem como riscos e oportunidades que possam afetar o programa de auditoria e implementar medidas para abordá-los, integrando essas medidas em todas as atividades de auditoria pertinentes; c) garantir a escolha de equipes de auditoria com competência global para as atividades de auditoria, estabelecendo funções, responsabilidades e autoridade e fornecendo apoio adequado à liderança; d) definir todos os procedimentos pertinentes, como organizar e agendar todas as auditorias no programa de auditoria; definir os objetivos, o escopo e os critérios da auditoria; escolher os métodos e a equipe de auditoria; avaliar os auditores; estabelecer protocolos de comunicação interna e externa apropriados; resolver disputas e reclamações; e garantir que todos os envolvidos sejam atendidos; e) identificar e garantir a disponibilidade de todos os recursos necessários; f) assegurar que a informação documentada adequada seja preparada e mantida, incluindo registros do programa de auditoria; g) observar, analisar de forma crítica e melhorar o programa de auditoria; h) comunicar o programa de auditoria ao cliente e, quando necessário, às partes interessadas.

O profissional responsável pelo programa de auditoria deve solicitar a aprovação do cliente de auditoria. Convém que a(s) pessoa(s) responsável(eis) pelo programa de auditoria tenha(m) o conhecimento, conforme figura 35, necessário para administrar o programa, bem como seus riscos, oportunidades e questões externas e internas de forma eficaz, seguindo a NBR ISO 19011.

Figura 35 – Conhecimento para administrar um programa de auditoria

- Princípios de auditoria, métodos e processos;
- Normas de sistema de gestão, outras normas pertinentes e documentos de orientação e referência;
- Informações sobre o auditado e seu contexto (por exemplo, questões externas e internas, partes interessadas pertinentes e suas necessidades e expectativas, atividades de negócios, produtos, serviços e processos do auditado);
- Requisitos estatutários e regulamentares aplicáveis, bem como outros requisitos pertinentes às atividades de negócios do auditado.

Fonte: elaborado pelo autor (2024).

Conhecimentos de gestão de risco, a gestão de projetos e processos e a Tecnologia da Informação e Comunicação (TIC), podem ser consideradas quando necessário.

Para manter a competência necessária para gerenciar o programa de auditoria, os responsáveis pelo gerenciamento do programa devem participar de atividades de desenvolvimento contínuo. A extensão do programa de auditoria deve ser determinada pela pessoa responsável por seu gerenciamento. Isso pode variar dependendo das informações fornecidas pelo auditado sobre sua situação.

Observação: Em certos casos, o programa de auditoria pode consistir somente em uma única auditoria, dependendo da organização ou estrutura do auditado.

Outros elementos que podem influenciar a extensão de um programa de auditoria incluem o seguinte: a) o objetivo de cada auditoria; b) a quantidade, a importância, a complexidade, a similaridade e o local das atividades a serem auditadas; c) os padrões do sistema de gestão ou outros padrões aplicáveis; d) o número, a importância, a complexidade, a similaridade e o local das atividades a serem auditadas; e) fatores que afetam a eficácia do sistema de gestão; f) critérios de auditoria aplicáveis, como arranjos planejados para as normas pertinentes do sistema de gestão, requisitos estatutários e regulamentares e outros requisitos com os quais a organização está comprometida; g) os resultados de auditorias internas ou externas e análises críticas gerenciais anteriores, se apropriado; h) problemas linguísticos, culturais e sociais; i) preocupações das partes interessadas, como reclamações de clientes, falta de conformidade com os requisitos estatutários e regulamentares ou questões de cadeia de suprimentos; j) mudanças significativas no contexto do auditado ou suas operações, bem como riscos e oportunidades associados; k) disponibilidade de tecnologias de informação e comunicação para apoiar as atividades de auditoria, especialmente o uso de métodos de auditoria remota; l) ocorrência de eventos internos e externos, como não conformidades de produtos ou serviços, brechas de segurança da informação, incidentes de saúde e segurança, incidentes criminosos ou incidentes ambientais; m) Os riscos e oportunidades do negócio, bem como as maneiras pelas quais eles podem ser abordados.

A pessoa responsável pelo programa de auditoria deve considerar os seguintes aspectos ao determinar os recursos para o programa de auditoria: a) os recursos financeiros e o tempo necessários para desenvolver, implementar, gerenciar e melhorar as atividades de auditoria; b) técnicas de auditoria; c) a disponibilidade de auditores e especialistas qualificados para os objetivos específicos do programa de auditoria; d) a extensão do programa de auditoria, os riscos e as oportunidades; e) os custos, acomodação e outras necessidades de auditoria; f) os efeitos dos vários fusos horários; g) a disponibilidade de tecnologias de informação e comunicação (por exemplo, os recursos técnicos para uma auditoria remota, se necessários); h) a disponibilidade de todas as ferramentas, tecnologia e equipamento necessários; i) a disponibilidade de informações documentadas necessárias, como verificadas durante um programa de auditoria; j) requisitos relacionados à instalação, incluindo liberações e equipamento de segurança.

Implementando o programa de auditoria

Realizando as atividades de planejamento, execução, relato e acompanhamento das auditorias individuais, gerenciando os resultados do programa de auditoria e mantendo os registros do programa de auditoria.

Uma vez que o programa de auditoria foi criado e os recursos necessários foram identificados, é hora de começar a planejar e coordenar todas as atividades do programa.

A pessoa responsável pelo programa de auditoria, na fase de implementação, executa as atividades da figura 36, conforme descreve a NBR ISO 19011.

Figura 36 – Atividades para o gestor do programa de auditoria

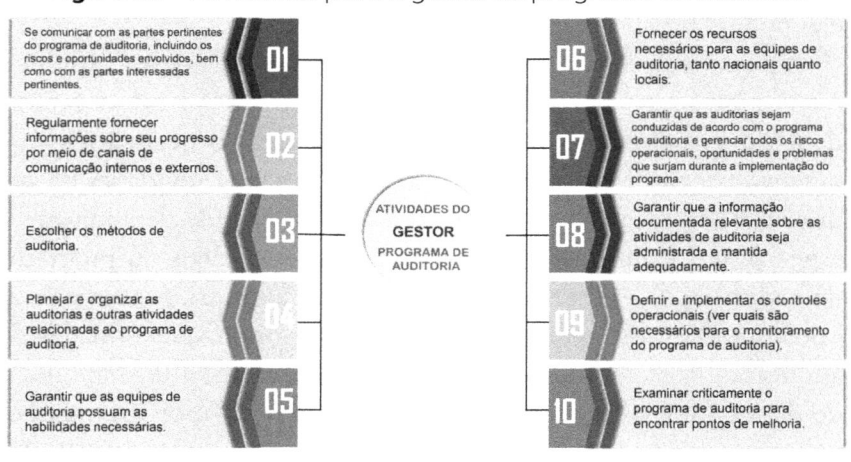

Fonte: elaborado pelo autor (2024).

O escopo, os objetivos e os critérios para cada auditoria individual devem ser elaborados e estar em conformidade com os objetivos globais do programa de auditoria.

Os objetivos de uma auditoria, segundo as diretrizes da NBR ISO 19011, são apresentados na figura 37, a seguir.

Figura 37 – Exemplos de objetivos da auditoria

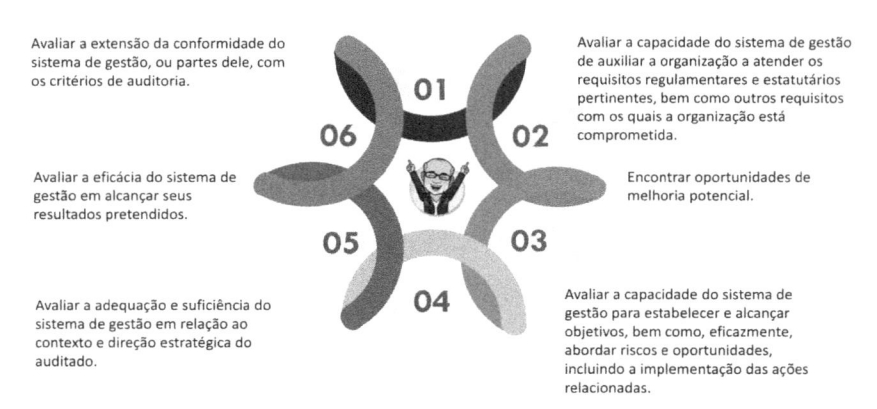

Fonte: elaborado pelo autor (2024).

O escopo da auditoria deve ser coerente com o programa e os objetivos. Ele inclui elementos como locais, funções, atividades e processos a serem auditados, bem como o período que a auditoria cobrirá.

Os padrões de auditoria servem como um ponto de referência para determinar a conformidade. Políticas aplicáveis, processos, procedimentos, critérios de desempenho, objetivos, requisitos estatutários e regulamentares, requisitos do sistema de gestão, informações sobre o contexto, riscos e oportunidades como determinado pelo auditor (incluindo requisitos de partes interessadas externas e internas pertinentes), códigos de conduta setoriais ou outros arranjos planejados podem estar entre eles.

Convém que, se necessário, o programa de auditoria seja alterado e informado às partes interessadas para aprovação, caso haja mudanças nos objetivos, escopo ou critérios da auditoria.

É importante que os objetivos, o escopo e os padrões de auditoria sejam consistentes com os programas de auditoria pertinentes para cada disciplina, quando várias disciplinas são auditadas simultaneamente. A abrangência de algumas disciplinas pode refletir a organização inteira, enquanto outras disciplinas podem refletir apenas em uma parte da organização.

De acordo com os objetivos, escopo e padrões da auditoria, a pessoa responsável pelo programa deve escolher e decidir os métodos, apresentados na tabela 5, para conduzi-la de forma eficaz.

Tabela 5 – Métodos de auditoria

Extensão do envolvimento entre o auditor e o auditado	Localização do auditor	
	No local	Remoto
Interação humana	• Conduzir entrevistas. • Preencher listas de verificação e questionários com a participação do auditado. • Conduzir análise crítica documental com a participação do auditado. • Amostrar.	Por meios de comunicação interativa: • Conduzir entrevistas; • Observar trabalho realizado com guia remoto; • Preencher listas de verificação e questinários; • Conduzir análise crítica documental com a participação do auditado.
Sem interação humana	• Conduzir análise crítica documental (por exemplo, registros, análise de dados) • Observar trabalho realizado • conduzir visita no local • Preencher listas de verificação • Amostrar (por exemplo, produtos)	• Conduzir análise crítica documental (por exemplo, registros, análise de dados) • Observar o trabalho realizado por meios de monitoramento, considerando requisitos sociais, estatutários e regulamentares. • Analisar dados.
Atividades presenciais de auditoria são realizadas no local do auditado. Atividades de auditoria remota são realizadas em qualquer local que não o local do auditado, independentemente da distância. Atividades de auditoria interativa envolvem a interação entre o pessoal do auditado e a equipe de auditoria. Atividades de auditoria não interativa não envolvem interação humana com pessoas que representam o auditado, mas envolvem interação com o equipamento, *facilities* e documentação.		

Fonte: NBR ISO 19011:2018 (2018, p. 41).

Auditorias podem ser realizadas localmente, remotamente ou ambos. É importante que estes métodos sejam usados de forma equilibrada, levando em consideração os riscos e oportunidades associados.

As pessoas que gerenciam os diferentes programas de auditoria conjunta devem concordar sobre os seus métodos e considerar as implicações para alocar recursos e planejá-la, quando a empresa, ao mesmo tempo, é auditada por duas ou mais organizações de auditoria. Auditorias combinadas podem ser incluídas no programa se o auditado gerencia dois ou mais sistemas de gestão em diferentes disciplinas.

O profissional responsável pelo programa de auditoria deve indicar os membros da equipe, incluindo o líder da equipe e quaisquer especialistas necessários para o exame.

A escolha de uma equipe de auditoria deve ser baseada nas habilidades necessárias para alcançar os objetivos da auditoria em um nível específico. Se houver apenas um auditor, ele deve assumir todas as responsabilidades de um líder de equipe de auditoria.

Para garantir a competência global da equipe de auditoria, devemos: determinar a capacidade necessária para atingir os objetivos da auditoria; garantir que a equipe de auditoria tenha competência. Em geral, é preciso: identificar os conhecimentos necessários para atingir os objetivos da auditoria; e escolher os membros da equipe de auditoria que tenham os conhecimentos.

Os requisitos para se definir o tamanho da equipe de auditoria está apresentado na figura 38, conforme descreve a NBR ISO 19011.

Figura 38 – Critérios para definição do tamanho da
equipe de auditoria

O escopo e os critérios da auditoria.

A complexidade da auditoria.

Se a auditoria é combinada ou conjunta.

A capacidade dos membros da equipe de auditoria de colaborar e interagir eficazmente com os auditores e partes interessadas relevantes.

Os métodos de auditoria escolhidos.

A natureza e a complexidade dos processos que serão auditados.

Garantir a imparcialidade e a objetividade para evitar erros.

Questões internas e externas relevantes, como o idioma da auditoria e as características culturais e sociais do auditor. O auditor pode resolver essas questões por conta própria ou com a ajuda de um especialista, considerando a necessidade de intérpretes.

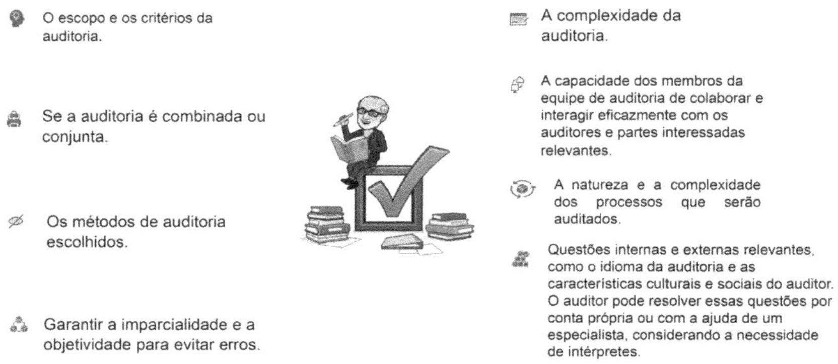

Fonte: elaborado pelo autor (2024).

A composição da equipe de auditoria deve ser discutida com o líder da equipe quando apropriado. Se os auditores da equipe de auditoria não tiverem as habilidades necessárias, é bom que outros especialistas sejam colocados à disposição para ajudar a equipe.

Auditores que estão em treinamento podem ser adicionados à equipe de auditoria, mas eles devem participar sob a orientação e direção de um auditor experiente. Se houver conflito de interesse ou questão de competência durante a auditoria, pode ser necessário mudar a composição da equipe.

A composição da equipe de auditoria deve ser discutida com o líder da equipe, quando apropriado. Se os auditores da equipe de auditoria não tiverem as habilidades necessárias, é bom que outros especialistas sejam colocados à disposição para ajudar a equipe. Auditores que estão em treinamento podem ser adicionados à equipe de auditoria, mas eles devem participar sob a orientação e direção de um auditor experiente.

Se houver conflito de interesse ou questão de competência durante a auditoria, pode ser necessário mudar a composição da equipe. O líder da equipe de auditoria, o responsável pelo programa de auditoria e o cliente devem se envolver na resolução de quaisquer mudanças no programa de auditoria. Um líder de equipe de auditoria deve ser designado pelo responsável pelo programa de auditoria.

Para garantir um planejamento eficiente da auditoria, a atribuição deve ser concluída em tempo suficiente antes da data da auditoria. Para garantir que as auditorias individuais sejam conduzidas de forma eficaz, o líder da equipe deve ser informado sobre o seguinte: a) os objetivos da auditoria; b) os padrões de auditoria e qualquer informação documentada relevante; c) o escopo da auditoria, incluindo a identificação da organização, suas funções e os procedimentos a serem auditados; d) os procedimentos e métodos de auditoria; e) a composição da equipe de auditoria; f) informações de contato com o auditado, bem como locais, período de tempo e duração das atividades de auditoria; g) recursos necessários para conduzir a auditoria; h) informações necessárias para avaliar e abordar os riscos e oportunidades encontrados para alcançar os objetivos de auditoria; i) informações que ajudam os líderes da equipe de auditoria a trabalhar com o auditado para que o programa de auditoria seja eficaz.

A informação de atribuição para o líder da equipe deve incluir o seguinte: o idioma do trabalho e do relato da auditoria, caso este seja diferente do idioma do auditor, do auditado ou de ambos; a saída do relato da auditoria, conforme exigido e para quem será enviada; assuntos relacionados à confidencialidade e segurança da informação, se exigido pelo programa da auditoria; quaisquer ações necessárias para garantir a saúde, segurança e meio ambiente para os auditores; os requisitos de viagem ou acesso a locais remotos; quaisquer requisitos de segurança e autorização; quaisquer ações a serem analisadas criticamente, como as ações de acompanhamento de uma auditoria anterior; e coordenação com outras atividades de auditoria, como quando equipes de diferentes grupos de trabalho auditam processos semelhantes ou relacionados em diferentes locais ou no caso de auditoria conjunta.

Antes do início de uma auditoria conjunta, é fundamental que as organizações, que a conduzem, acordem sobre as responsabilidades de cada parte. Isso é particularmente verdadeiro em relação à autoridade do líder de equipe designado para auditoria.

A pessoa responsável pelo programa de auditoria deve garantir que as atividades a seguir sejam realizadas: a) avaliação do alcance dos objetivos de cada auditoria dentro do programa; b) análise crítica e aprovação dos relatórios de auditoria que atendem ao escopo e objetivos de auditoria; c) avaliação criticamente da eficácia das medidas tomadas para abordar as descobertas de auditoria; d) fornecimento de relatórios de auditoria às partes interessadas pertinentes; e) determinar se uma auditoria de acompanhamento é necessária.

Quando necessário, a pessoa que gerencia o programa de auditoria também deve considerar os seguintes aspectos: os efeitos sobre os processos; e a comunicação dos resultados da auditoria e as boas práticas encontradas para outros setores da organização.

Convém que a pessoa que gerencia o programa de auditoria assegure que os registros dela sejam gerados, gerenciados e mantidos para demonstrar a implementação do programa de auditoria. Convém que os processos sejam estabelecidos para assegurar que quaisquer necessidades de segurança e confidencialidade de informação, associadas aos registros de auditoria sejam abordadas.

A pessoa responsável pelo programa de auditoria deve garantir que os registros sejam criados, administrados e mantidos para mostrar como o respectivo programa foi implementado. Quaisquer necessidades de segurança e confidencialidade de informações, relacionadas aos registros de auditoria devem ser atendidas por processos.

Os registros podem incluir: a) registros relacionados ao programa de auditoria, incluindo a agenda, os objetivos e a extensão do programa; abordagens aos riscos e oportunidades do programa de auditoria, bem como questões externas e internas pertinentes; e uma análise crítica da eficácia do programa. b) registros relacionados a cada auditoria, incluindo planos e relatórios de auditoria; evidência objetiva e conclusões de auditoria; relatórios de não conformidade; relatórios de correções e ações corretivas; e relatórios de acompanhamento de auditoria. c) registros relacionados à equipe de auditoria que incluem: avaliação do desempenho e competência dos membros da equipe de auditoria; registros para escolha e formação da equipe de auditoria; manutenção e melhoria da equipe de auditoria.

A forma e o grau de detalhe dos registros devem demonstrar que os objetivos do programa de auditoria foram alcançados. Convém que a pessoa responsável pelo programa de auditoria verifique os itens da figura 39, para monitorá-lo.

Figura 39 – Requisitos para monitorar o programa de auditoria

A quantidade e a qualidade de informações registradas durante o processo de auditoria.

As opiniões dos clientes de auditoria, auditores, auditores especialistas e outras partes interessadas relevantes.

Se os cronogramas estão sendo cumpridos e se os objetivos do programa de auditoria estão sendo alcançados.

O desempenho dos membros da equipe de auditoria, incluindo o líder da equipe de auditoria e os especialistas.

A capacidade da equipe de auditoria de executar o plano de auditoria.

Fonte: elaborado pelo autor (2024).

A necessidade de alterar o programa de auditoria pode ser indicada por uma série de circunstâncias. Estes podem incluir mudanças em resultados da auditoria, nível demonstrado de eficácia e maturidade do sistema de gestão auditado, eficácia do programa de auditoria, sistema de gestão auditado, escopo ou escopo do programa de auditoria, fornecedores externos, conflitos de interesse identificados e requisitos do cliente da auditoria.

Para determinar se os objetivos do programa de auditoria foram alcançados é imperativo que o cliente e a pessoa responsável por ele revisem cuidadosamente o programa. A análise crítica do programa de auditoria deve ser usada para melhorá-lo.

Ao responsável pelo programa de auditoria recomenda-se a análise crítica da implementação global do programa de auditoria; a identificação de áreas e oportunidades de melhoria; a implementação de mudanças no programa de auditoria, se necessário; e a análise crítica do desenvolvimento profissional contínuo dos auditores; relatos dos resultados do programa de auditoria e análise crítica com o cliente de auditoria e as partes interessadas no programa de auditoria.

A análise do programa de auditoria deve levar em consideração os seguintes aspectos: a) resultados e tendências do monitoramento do programa de auditoria; b) conformidade com os processos e informações documentadas pertinentes; c) necessidades e expectativas em evolução das partes interessadas pertinentes; d) registros do programa de auditoria; e) métodos de auditoria novos ou alternativos; f) métodos de avaliação de auditores novos ou alternativos; g) a eficácia das medidas tomadas para lidar com os riscos, oportunidades e questões internas e externas relacionadas ao programa de auditoria; h) preocupações com a confidencialidade e segurança de informações relacionadas ao programa de auditoria.

7.3 Conduzindo uma auditoria

Esse item contém instruções sobre como preparar e conduzir uma auditoria dentro de um programa de auditoria. Seus objetivos e o escopo determinam até que ponto as disposições dessa norma são aplicáveis.

Até que a auditoria seja concluída, o auditor-líder da equipe designada, deve assumir a responsabilidade pela respectiva condução.

Convém que o líder da equipe de auditoria assegure que seja feito contato com o auditado para: a) confirmar os canais de comunicação com os representantes do auditado; b) confirmar a autoridade para conduzir a auditoria; c) fornecer informações pertinentes sobre os objetivos, escopo, critérios, métodos de auditoria e composição da equipe de auditoria, incluindo quaisquer especialistas; d) solicitar acesso à informação pertinente para propósitos de planejamento; e) verificar se houve acordo com o auditado sobre a extensão da divulgação e o tratamento de informações confidenciais; f) organizar a auditoria, incluindo agendamento; g) determinar quaisquer planos específicos para o local, incluindo acesso, saúde e segurança, confidencialidade ou outro; h) acordar sobre a presença de observadores e se são necessárias guias ou intérpretes para a equipe de auditoria; i) determinar quaisquer áreas de interesse, preocupação ou riscos para o auditado em relação à auditoria; j) resolver problemas com o auditado ou o cliente de auditoria sobre a composição da equipe de auditoria.

Para fornecer confiança razoável de que os objetivos da auditoria podem ser alcançados, a sua viabilidade deve ser determinada.

A determinação da viabilidade deve levar em consideração os seguintes fatores: a) informações suficientes e apropriadas para planejar e conduzir a auditoria; b) cooperação adequada do auditado; e c) tempo e recursos suficientes para conduzir a auditoria. Quando a auditoria não for viável, o auditor deve oferecer uma alternativa ao cliente, de acordo com o auditado.

Na preparação das atividades da auditoria, convém que a informação documentada pertinente do sistema de gestão do auditado seja analisada criticamente para: obter informações para entender as operações do auditado e preparar as atividades e documentos de trabalho de auditoria aplicáveis, como processos e funções; estabelecer uma visão geral da extensão da informação documentada para determinar possível conformidade com os padrões de auditoria e identificar possíveis preocupações.

A informação registrada deve incluir, mas não se limita a registros e documentos do sistema de gestão, bem como relatórios de auditorias anteriores. A análise precisa considerar o contexto da organização auditada, incluindo seu tamanho, natureza e complexidade, bem como os riscos e oportunidades associados. Além disso, é imperativo que ela considere o escopo, os padrões e os objetivos da auditoria.

Para planejar a auditoria, o líder da equipe deve usar uma abordagem baseada em risco, com base nas informações do programa de auditoria e nas informações documentadas fornecidas pelo auditado.

O planejamento de auditoria deve levar em consideração os riscos das suas atividades durante os processos de auditoria. Ele também deve servir como base para acordos sobre a condução da auditoria entre o cliente, a equipe e o auditado. A organização e o planejamento eficazes das atividades de auditoria são necessários.

A quantidade de detalhes incluída no plano de auditoria deve refletir o escopo, a complexidade e o risco de não alcançar os respectivos objetivos. O líder da equipe deve considerar os seguintes aspectos ao planejar a auditoria: a) a composição da equipe de auditoria e suas habilidades em todo o mundo; b) métodos apropriados de amostragem; c) oportunidades para melhorar a eficiência e a eficácia das atividades de auditoria; d) riscos de não alcançar os objetivos da auditoria devido a um planejamento ineficaz; e) a presença de membros da equipe de auditoria pode causar riscos para o auditado, porque pode afetar negativamente os arranjos de saúde e segurança, qualidade do meio ambiente, produtos, serviços, pessoal ou infraestrutura (por exemplo: contaminação em instalações de sala limpa).

Para auditorias combinadas é importante observar como os processos operacionais interagem com os objetivos e prioridades concorrentes dos diferentes sistemas de gestão.

A dimensão e o conteúdo do planejamento de auditoria podem variar entre auditorias iniciais e subsequentes, e entre auditorias internas e externas, por exemplo. O planejamento de auditoria deve ser suficientemente adaptável para permitir ajustes que possam se tornar necessários, conforme as atividades de auditoria avançam.

O planejamento da auditoria deve incluir ou fazer referência ao seguinte: a) os objetivos da auditoria; b) o escopo da auditoria, incluindo a identificação da organização e suas funções, bem como os processos a serem auditados; c) os padrões de auditoria e qualquer informação documentada de referência; d) os locais (físicos e virtuais), datas, tempo e duração estimados das atividades de auditoria, incluindo reuniões com a direção do auditado; e) necessidade da equipe de auditoria se familiarizar com as instalações e processos do auditado (por exemplo, conduzindo uma visita ao(s) local(is) físico(s) ou analisando criticamente a tecnologia de informação e comunicação); f) métodos de auditoria a serem usados, incluindo a extensão na qual a amostragem de auditoria seja necessária para obter evidências suficientes de auditoria; g) papéis e responsabilidades dos membros da equipe de auditoria, assim como dos guias e observadores ou intérpretes; h) alocação de recursos apropriados, baseada na consideração dos riscos e oportunidades relacionados às atividades que serão auditadas.

O planejamento de auditoria deve levar em conta a identificação do(s) representante(s) do auditado para a auditoria; o idioma de trabalho e o relatório da auditoria, caso sejam diferentes do idioma do auditor, do auditado ou ambos; os tópicos do relatório da auditoria; planos de logística e comunicação, incluindo planos específicos para os locais a serem auditados; quaisquer medidas específicas a serem tomadas para lidar com os riscos para alcançar os objetivos de auditoria e as oportunidades que surjam; questões de confidencialidade e segurança da informação; acompanhamento de auditorias anteriores ou outra(s) fonte(s), como lições aprendidas ou análises críticas de projeto; colaboração com outras atividades de auditoria.

Os planos de auditoria devem ser apresentados ao auditado. Todos os problemas relacionados ao plano de auditoria devem ser resolvidos entre o líder da equipe e o auditado e, se necessário, a pessoa responsável pelo programa.

Em conjunto com a equipe de auditoria, o líder da equipe deve atribuir responsabilidade a cada membro da equipe para verificar processos, atividades, funções ou locais específicos, bem como autoridade para tomar decisões, quando necessário. As funções e responsabilidades dos auditores, auditores em treinamento e especialistas, bem como o uso eficiente de recursos, devem ser levadas em consideração nas atribuições.

A reunião da equipe de auditoria deve ser realizada, conforme apropriado, pelo líder da equipe de auditoria para distribuir tarefas e decidir mudanças. As tarefas podem ser alteradas à medida que a auditoria prossegue para atingir os objetivos.

Os membros da equipe de auditoria devem coletar e analisar criticamente a informação relacionada as suas responsabilidades de auditoria, bem como preparar a informação documentada para a auditoria por todos os meios apropriados. A informação registrada para a auditoria pode incluir: a) listas de verificação físicas ou digitais; b) detalhes de amostragem de auditoria; e c) informações audiovisuais.

Estes métodos devem ser usados sem limitar o alcance das atividades de auditoria, que podem com o resultado da informação coletada durante o processo.

Convém que a informação documentada que foi preparada para a auditoria, e que resultou dela, seja mantida, no mínimo, até a sua conclusão ou conforme especificado no respectivo programa.

Convém que os membros da equipe de auditoria sempre protejam adequadamente as informações registradas, que foram produzidas durante o processo, incluindo informações confidenciais ou proprietárias.

7.3.1 Conduzindo atividades de auditoria

Se for necessário, guias e observadores podem acompanhar a equipe de auditoria com a aprovação do líder da equipe, do cliente e/ou do auditado. Não convém que eles interfiram ou influenciem o processo de auditoria. Se isso não for possível, o líder da equipe deve ter o direito de negar a presença de observadores durante as etapas específicas da auditoria.

Para os observadores convém que o cliente de auditoria e o auditado supervisionem o acesso à saúde e à segurança, ao meio ambiente e à confidencialidade.

Os guias designados pelo auditor devem ajudar a equipe de auditoria e agir por solicitação do auditor ou líder da equipe de auditoria. Os deveres de um guia são apresentados na figura 40.

Figura 40 – Deveres de um guia na auditoria

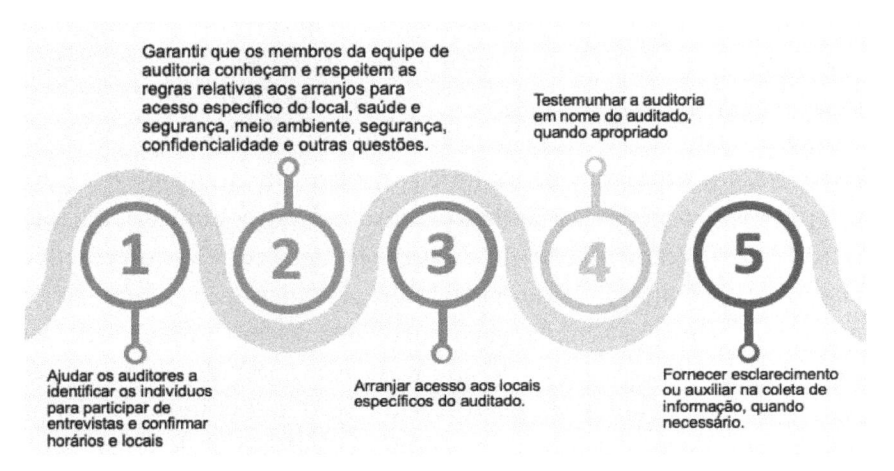

Fonte: elaborado pelo autor (2024).

Ao conduzir uma reunião de abertura o objetivo da mesma é: a) confirmar que todos os participantes (como auditado ou equipe de auditoria) concordaram com o plano de auditoria; b) apresentar a equipe de auditoria e suas funções; c) garantir que todas as atividades planejadas de auditoria sejam concluídas.

Uma reunião de abertura deve ser realizada com a direção do auditado e, quando apropriado, aqueles responsáveis pelos processos ou funções a serem auditados, possibilitando a elaboração de perguntas pelos participantes.

O grau de detalhe deve corresponder à familiaridade do auditor com o procedimento de auditoria. Em muitos casos, como em uma auditoria interna em uma pequena organização, a reunião de abertura pode simplesmente informar que uma auditoria está sendo realizada e dar uma explicação sobre o que é a auditoria.

Para outras circunstâncias de auditoria, a reunião pode ser formal e é recomendável manter registros de presença. A reunião deve ser presidida pelo líder da equipe de auditoria.

É importante incluir o seguinte, conforme apropriado: outros participantes, como observadores, guias, intérpretes e descrição de suas funções; técnicas de auditoria para gerenciar os riscos para a organização que podem surgir da presença dos auditores.

Na reunião de abertura convém que seja confirmado: Os objetivos, escopo e padrões da auditoria; o plano de auditoria e outros arranjos relacionados ao auditado, como datas e horários de reuniões de encerramento, bem como quaisquer reuniões intermediárias entre a equipe de auditoria e a direção do auditado, bem como qualquer (quaisquer) mudança(s) necessária(s); canais formais de comunicação entre a equipe de auditoria e o auditado; idioma a ser usado durante a auditoria; garantia de que o auditado seja mantido informado sobre o progresso da auditoria; a disponibilidade dos recursos e instalações necessárias pela equipe de auditoria; questões de confidencialidade e segurança da informação; protocolos pertinentes para a equipe de auditoria em relação ao acesso, saúde e segurança, emergência e outros processos; atividades no local que possam afetar a condução da auditoria.

Convém apresentar, na reunião de abertura, as informações sobre os seguintes itens, conforme apropriado: método de relatar constatações, incluindo, se houver, critérios de classificação; as condições sob as quais a auditoria pode ser encerrada; os métodos para lidar com possíveis constatações encontradas durante a auditoria; e qualquer sistema que permita que os auditores façam comentários sobre as constatações ou conclusões da auditoria, incluindo reclamações ou queixas/apelações.

Durante a auditoria, pode ser necessário estabelecer práticas formais de comunicação entre a equipe e o auditado, o cliente de auditoria e outras partes externas, como os regulamentadores. Isso é especialmente verdadeiro nos casos em que os estatutos e regulamentos exigem que o relatório de não conformidades seja feito.

A equipe de auditoria deve se reunir regularmente para compartilhar informações, avaliar o seu progresso e, se necessário, reatribuir trabalho entre os membros da equipe de auditoria.

Ao longo da auditoria é recomendável que o líder da equipe informe o auditado e o cliente da auditoria, conforme apropriado, sobre o progresso da averiguação e quaisquer descobertas significativas. Convém que a evidência coletada durante a auditoria, que indica uma ameaça imediata e significativa, seja comunicada imediatamente ao auditado e, conforme apropriado, ao cliente da auditoria. Para que possa ser comunicado ao cliente da auditoria e ao auditado, qualquer preocupação sobre um assunto que não faz parte do seu escopo deve ser notada e comunicada ao líder da equipe de auditoria.

Quando a evidência de auditoria disponível indica que os seus objetivos não podem ser alcançados, o líder da equipe deve discutir o motivo com o cliente de auditoria e com o auditado para tomar as medidas adequadas. Essas ações podem incluir alterações no planejamento da auditoria, seus objetivos, seu escopo, ou seu encerramento.

Convém que a pessoa responsável pelo programa de auditoria e o cliente analisem criticamente e aprovem, conforme apropriado, qualquer necessidade de mudança no plano de auditoria, que possa surgir à medida que as suas atividades avancem.

Os objetivos da auditoria, o escopo, a duração e o local determinam os métodos a serem usados; o local onde a equipe de auditoria pode obter as informações necessárias para sua realização; isso pode incluir locais virtuais ou físicos.

É fundamental para a auditoria saber onde, quando e como obter os dados a serem auditados. Não importa onde os dados são criados, usados ou armazenados, os métodos e técnicas de auditoria devem ser determinados considerando essas questões. Além disso, podem existir circunstâncias de uma auditoria que possam indicar que os métodos devem ser alterados durante sua realização.

Convém que a informação documentada, pertinente ao auditado, seja analisada criticamente para determinar a conformidade do sistema e até onde será documentado com os critérios de auditoria; reunir informações para apoiar as atividades de auditoria; analisar cuidadosamente as informações documentadas pertinentes ao auditado.

Desde que não comprometa a eficácia da condução da auditoria, a análise crítica pode ser usada juntamente com outras atividades de auditoria e pode ser mantida durante todo o processo.

O líder da equipe de auditoria deve informar à pessoa que gerencia o programa e ao auditado, se a informação documentada adequada não for fornecida no período especificado no plano de auditoria. Convém que uma decisão seja tomada a respeito da auditoria continuar ou ser interrompida até que as preocupações com as informações registradas sejam resolvidas, dependendo dos objetivos e do alcance da auditoria.

Durante a auditoria, convém coletar e verificar informações pertinentes por meio de entrevistas, observações e análise crítica de informação documentada em relação aos objetivos, escopo e critérios da auditoria, incluindo informações sobre as interações entre funções, atividades e processos por amostragem etc.

Somente dados que podem ser submetidos a algum grau de verificação pode ser aceito como evidência de auditoria. O auditor deve usar seu julgamento profissional para determinar o nível de confiança que pode ser depositado nela como evidência em casos de verificação baixa. A evidência de auditoria que leva às conclusões a respeito do processo deve ser registrada. Se a equipe de auditoria souber de quaisquer circunstâncias novas ou alteradas, riscos ou oportunidades é bom que eles os abordem convenientemente.

A figura 41 ilustra um processo comum, desde a coleta de informações até a conclusão da auditoria.

Figura 41 – Visão do processo de coleta e verificação de informação

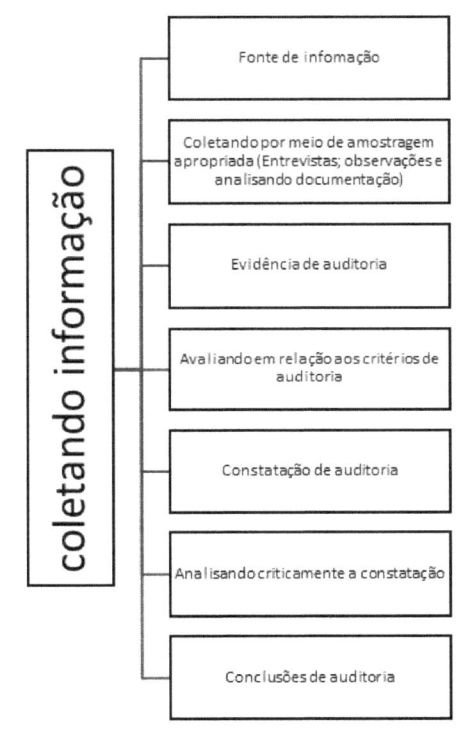

Fonte: adaptado da ABNT NBR ISO 19011 (2018).

Para determinar as conclusões da auditoria, a evidência de auditoria deve ser avaliada em relação aos padrões da averiguação. As conclusões da auditoria podem indicar a conformidade ou não com os requisitos. As conclusões da auditoria individual, conforme especificado pelo plano de auditoria, devem incluir conformidade e boas práticas, evidências de apoio, sugestões para o auditado e oportunidades de melhoria.

Não conformidades e evidências de auditoria que as sustentam devem ser documentadas. A natureza da organização e os riscos associados a ela determinam a classificação das não conformidades. Esta classificação pode ser qualitativa (por exemplo, menor e maior)

ou quantitativa (1 a 5). É recomendado que eles sejam examinados criticamente com o auditado para garantir que a evidência de auditoria seja precisa e que as discrepâncias sejam identificadas. Todos os esforços devem ser feitos para resolver quaisquer opiniões divergentes sobre as evidências ou constatações da auditoria. O relatório de auditoria deve conter as questões que não foram resolvidas.

Como necessário, a equipe de auditoria deve se reunir para analisar criticamente as conclusões de auditoria em estágios apropriados.

Antes da reunião de encerramento, a equipe de auditoria deve se reunir para: a) examinar criticamente os resultados da auditoria e qualquer outra informação apropriada, coletada em relação aos objetivos da auditoria; b) concordar sobre as conclusões da auditoria, levando em consideração a incerteza que acompanha o processo de auditoria; c) fazer recomendações de acordo com o plano de auditoria; e d) discutir o acompanhamento da auditoria.

As conclusões da auditoria devem abordar os seguintes problemas: a) a extensão da conformidade com os critérios de auditoria e a robustez do sistema de gestão, incluindo a eficácia do sistema de gestão em alcançar os resultados pretendidos, a identificação de riscos e a eficácia das ações tomadas pelo auditado para abordar os riscos; b) a implementação, manutenção e melhoria do sistema de gestão; c) o cumprimento dos objetivos de auditoria, atendimento dos critérios de auditoria e cobertura do escopo de auditoria; e d) os resultados de avaliações semelhantes feitas em diferentes áreas que foram auditadas ou de uma auditoria conjunta ou anterior para identificar tendências.

As conclusões da auditoria podem levar a sugestões para melhorias ou atividades de auditoria futuras, dependendo do objetivo do seu plano.

Uma reunião de encerramento deve ser realizada para apresentar os resultados e conclusões da auditoria. Convém que o líder da equipe de auditoria, com a participação da direção do auditado, presida a reunião de encerramento e inclua os responsáveis pelas funções ou processos auditados; o cliente da auditoria; outros membros da equipe de auditoria; e outras partes interessadas pertinentes, como determinadas pelo auditado ou pelo cliente da auditoria.

Se aplicável, o líder da equipe deve informar ao auditado sobre qualquer situação que ocorra durante o processo, que possa comprometer a confiança nas conclusões da auditoria. Os participantes devem acordar o período para que um plano de ação aborde as constatações da auditoria, se for especificado no sistema de gestão ou pelo cliente de auditoria.

O grau de detalhe deve refletir a eficácia do sistema de gestão em atingir os objetivos do auditado, incluindo seu contexto, riscos e oportunidades. Para garantir que os participantes recebam o nível adequado de detalhes, é importante que o auditado esteja familiarizado com o processo de auditoria.

Para algumas situações de auditoria, a reunião pode ser formal e convém que os registros de presença e atas sejam mantidos. Em outras circunstâncias, como auditorias internas, a reunião de encerramento pode ser menos formal e focar apenas nas descobertas e conclusões da auditoria.

O auditado deve ser explicado, conforme apropriado na reunião de encerramento: a) advertência de que a evidência de auditoria coletada foi baseada em uma seleção de informações disponíveis e não é necessariamente representativa da eficácia global dos resultados do auditado; b) técnica de relatar; c) como as constatações da auditoria devem ser abordadas no processo acordado; d) possíveis consequências de não abordar adequadamente as constatações da auditoria; e) apresentação das descobertas e conclusões da auditoria, de forma que o auditado as entenda e reconheça; f) quaisquer atividades relacionadas à pós-auditoria, como implementação e análise crítica de medidas corretivas, abordagem a reclamações de auditoria e processo de apelação.

Se possível, deve-se discutir e resolver quaisquer opiniões divergentes sobre as descobertas ou conclusões da auditoria entre o auditado e a equipe de auditoria. Se não forem resolvidos, deve ser documentado.

Pode-se apresentar sugestões de melhorias se os objetivos da auditoria forem claros. É importante enfatizar que as recomendações não são restritivas.

7.4 Preparando e distribuindo o relatório de auditoria

As conclusões da auditoria devem ser relatadas pelo líder da equipe de acordo com o programa de auditoria. O relatório deve conter um resumo completo, preciso, conciso e claro da auditoria. Deve incluir ou se referir ao seguinte: a) os objetivos da auditoria; b) o escopo da auditoria, principalmente em relação à identificação da organização (o auditado) e suas funções ou processos; c) o cliente auditado; d) a equipe de auditoria e os participantes do auditado na auditoria; e) as datas e locais das atividades de auditoria; f) critérios de auditoria; g) as descobertas e evidências relacionadas; h) os resultados da auditoria; i) uma declaração sobre a quantidade de atendimento aos requisitos da auditoria; j) quaisquer divergências não resolvidas entre a equipe de auditoria e o auditado; k) As auditorias naturais são um exercício de coleta de amostras. Como resultado, existe a possibilidade de que a evidência de auditoria examinada não seja confiável.

O relatório de auditoria pode incluir, conforme apropriado, o seguinte: o plano de auditoria, incluindo o cronograma; um resumo do processo de auditoria, incluindo quaisquer obstáculos encontrados que possam prejudicar a confiabilidade das conclusões de auditoria; a confirmação de que os objetivos de auditoria foram alcançados de acordo com o plano de auditoria; quaisquer áreas do escopo da auditoria que não foram cobertas, incluindo quaisquer questões relacionadas à disponibilidade de evidência, recursos ou confidencialidade, bem como justificativas relacionadas; um resumo das conclusões da auditoria e os principais resultados que as sustentam; boas práticas identificadas; acompanhamento do plano de ação acordado, se houver; uma declaração sobre a natureza confidencial do conteúdo; quaisquer implicações para o programa de auditoria ou auditorias subsequentes.

O relatório de auditoria deve ser entregue no prazo. Se ele estiver atrasado, deve ser informado ao auditado e ao responsável pelo programa de auditoria.

O relatório de auditoria deve ser datado, examinado criticamente e aceito, de acordo com o programa de auditoria.

O relatório de auditoria deve, então, ser divulgado às partes interessadas relevantes, identificadas no plano ou programa de auditoria.

Ao distribuir o relatório de auditoria é importante pensar em como garantir a confidencialidade.

7.5 Concluindo a auditoria

A auditoria é concluída quando todas as tarefas planejadas são findadas ou, de outro modo, quando o cliente da auditoria concorda com isso (por exemplo, uma situação inesperada pode impedir que a auditoria seja concluída de acordo com o plano de auditoria).

A informação documentada da auditoria deve ser mantida ou descartada, de acordo com as partes participantes, conforme o programa e os requisitos aplicáveis. Não convém que a equipe de auditoria e a(s) pessoa(s) responsável(eis) pelo programa divulgue(m) qualquer informação obtida durante a auditoria ou o relatório de averiguação para qualquer outra parte sem a aprovação expressa do cliente e, quando necessário, a aprovação do auditado. Se a divulgação do conteúdo de um documento de auditoria for necessária, o cliente e o auditado devem ser informados o mais rápido possível.

Aprender com a auditoria pode ajudar a identificar oportunidades e riscos para o programa de auditoria e o auditado.

Conduzindo o acompanhamento da auditoria

Dependendo dos objetivos da auditoria, os resultados podem indicar correções necessárias ou oportunidades de melhoria. O auditado geralmente decide e faz essas ações dentro de um determinado período. Ele deve informar a pessoa responsável pelo programa de auditoria e/ou a equipe de auditoria, conforme necessário.

A conclusão e a eficácia destas medidas devem ser verificadas. Esta verificação pode ser incluída em uma auditoria posterior. Para análise crítica, os resultados devem ser comunicados à pessoa responsável pelo programa de auditoria e ao cliente de auditoria.

7.6 Competência e avaliação de auditores

Os indivíduos que participam do processo de auditoria, incluindo os auditores e os líderes da equipe, precisam ter competências. A competência desses indivíduos determina a confiança no processo de auditoria e na capacidade de alcançar seus objetivos. Essa competência deve ser avaliada periodicamente considerando comportamento pessoal e a capacidade de aplicar o conhecimento e as habilidades adquiridas por meio da educação, experiência de trabalho, treinamento de auditor e auditoria devem ser considerados na avaliação da competência. Este processo deve levar em consideração os requisitos e objetivos do programa de auditoria.

Os auditores de qualquer norma de sistema de gestão podem usar alguns dos conhecimentos e habilidades, mas outros são exclusivos de normas de sistema de gestão específicas. Não há necessidade de que todos os auditores da equipe tenham as mesmas habilidades. No entanto, a equipe deve ter competência global suficiente para alcançar os objetivos da auditoria.

Para fornecer um resultado objetivo, coerente, justo e confiável, a avaliação da competência do auditor deve ser planejada, implementada e documentada. O processo de avaliação deve consistir em quatro passos principais: a) determinar a competência necessária para atender às necessidades do programa de auditoria; b) criar os padrões de avaliação; c) escolher o método de avaliação adequado; e d) realizar a avaliação.

O resultado da avaliação deve servir como base para o seguinte: escolha de auditores; identificação de necessidades de treinamento adicional; e avaliação contínua do desempenho dos auditores.

Por meio do desenvolvimento profissional contínuo e da participação regular em auditorias, os auditores devem manter, desenvolver e aprimorar suas competências. É desejável que auditores e líderes de equipe de auditoria sejam avaliados de acordo com os padrões definidos.

Ao determinar os conhecimentos e habilidades necessários para uma auditoria, um auditor deve considerar o seguinte: a) tamanho, natureza, complexidade, produtos, serviços e processos auditados; b) métodos de auditoria; c) disciplinas do sistema de gestão a ser auditada; d) complexidade e processos do sistema de gestão a ser auditado; e) tipos e níveis de riscos e oportunidades que o sistema de gestão está enfrentando; f) os objetivos e a extensão do programa de auditoria; g) a incerteza sobre a realização dos objetivos de auditoria; h) outros requisitos, como impostos pelo cliente de auditoria ou outras partes interessadas relevantes, se aplicável.

Convém que os auditores tenham as qualidades necessárias para que possam agir de acordo com os princípios de auditoria, para se comportarem de maneira profissional. Veja na figura 42, quais são os comportamentos desejados.

Figura 42 – Visão do processo de coleta e verificação de informação

Fonte: elaborado pelo autor (2024).

A ética é um comportamento profissional desejado, que inclui ser justo, verdadeiro, sincero, honesto e discreto; mente aberta, que significa estar disposto a considerar ideias ou pontos de vista alternativos; diplomático, que significa ser sensível ao lidar com outras pessoas; observador, que significa estar ativamente observando as atividades e o ambiente físico; perceptivo, que significa estar consciente e capaz de entender as situações; versátil, ou seja, adaptável a várias circunstâncias; tenaz, ou seja, permanecer focado em atingir objetivos; decisivo, ou seja, ser capaz de chegar a conclusões rapidamente, com base em análise e raciocínio lógico; autoconfiante, ou seja, ser capaz de agir e trabalhar de forma independente, enquanto interage bem com outras pessoas; ser capaz de agir com firmeza, ou seja, ser capaz de agir de forma responsável e moral, mesmo que isso nem sempre seja aceito e possa ocasionalmente resultar em desacordo ou conflito; receptivo à melhoria, ou seja, disposto a aprender com as circunstâncias; ser culturalmente sensível, ou seja, prestar atenção e ter respeito à cultura do auditado; e colaborativo, isto é, trabalhar bem com outras pessoas, como os membros da equipe de auditoria e o pessoal do auditado.

Os auditores devem ter duas coisas: a) o conhecimento e as habilidades necessários para alcançar os resultados esperados das auditorias; e b) competência geral, bem como um nível de conhecimento e habilidades em disciplinas e setores específicos.

Os líderes das equipes de auditoria devem ter o conhecimento e as habilidades adicionais necessários para liderar a equipe.

Os auditores devem ter conhecimento e habilidades nas áreas a seguir: a) Princípios, processos e métodos de auditoria: com conhecimento e habilidades nesta área, o auditor pode garantir que as auditorias sejam executadas de maneira sistemática e coerente. Um auditor deve ser capaz de compreender os tipos de riscos e oportunidades associados à auditoria, bem como os princípios da abordagem baseada em risco para a auditoria; planejar e organizar o trabalho eficazmente; cumprir a auditoria dentro do cronograma acordado; dar prioridade e foco aos assuntos importantes; comunicar-se eficazmente, oralmente e por escrito (pessoalmente ou por meio de intérpretes); coletar informações por meio de entrevistas, escuta, observação e análise crítica de informações documentadas, incluindo registros e dados; compreender e considerar as opiniões de especialistas; auditar um processo do início ao fim, incluindo as inter-relações com outros processos e funções, se necessário; verificar a relevância e a precisão da informação coletada; manter a confidencialidade e a segurança da informação; verificar se as evidências da auditoria são suficientes e confiáveis para apoiar as conclusões da auditoria; documentar as atividades e conclusões da auditoria e preparar relatórios; b) Normas de sistema de gestão e outras referências: o conhecimento e as habilidades nesta área ajudam o auditor a entender o escopo da auditoria e aplicar os seus critérios de auditoria. Esses conhecimentos devem incluir o seguinte: as normas de sistema de gestão ou outros documentos normativos ou de orientação ou apoio que foram usados para estabelecer critérios ou métodos de auditoria; como os auditores e outras organizações podem aplicar as normas do sistema de gestão; como os processos do(s) sistema(s) de gestão se relacionam uns com os outros; e aplicação de normas em diferentes situações; c) a organização e seu contexto: os conhecimentos e habilidades nesta área ajudam o auditor a entender a estrutura, propósito e práticas de gestão do sistema auditado. Esses conhecimentos devem incluir o seguinte: as necessidades e expectativas das partes interessadas pertinentes que impactam o sistema de gestão; o tipo de organização, governança, tamanho, estrutura, funções e relacionamentos; conceitos gerais de gestão e negócios (processos, terminologia, planejamento, orçamento e gestão de pessoas), incluindo aspectos culturais e sociais da empresa auditada; d) requisitos regulamentares e estatutários aplicáveis e outros requisitos: o conhecimento e as habilidades nesta área permitem que o auditor compreenda e opere de acordo com os requisitos da organização. Os requisitos estatutários e regulamentares e suas agências governamentais; terminologia legal básica; contratação e responsabilidade devem fazer parte do conhecimento e habilidades específicos da jurisdição ou das atividades, processos, bens e serviços do auditado.

As equipes de auditoria devem ter competência coletiva apropriada na disciplina/norma e do setor específicos para auditar sistemas de gestão de diferentes setores e tipos.

A competência dos auditores em uma norma ou setor específico inclui o seguinte: a) os princípios e requisitos do sistema de gestão e suas aplicações; b) os fundamentos da(s) disciplina(s) e setor(es) relacionadas às normas do sistema de gestão, como aplicados pelo auditor; c) empregar princípios, métodos, processos e práticas específicos da disciplina e do setor para que a equipe de auditoria possa avaliar a conformidade no escopo da auditoria estabelecido e gerar conclusões apropriadas; d) princípios, métodos e práticas pertinentes à disciplina e ao setor, para que o auditor possa determinar e avaliar os riscos e oportunidades relacionados aos objetivos da auditoria.

Um líder de equipe de auditoria deve ser capaz de: a) planejar a auditoria e atribuir tarefas, de acordo com a competência específica dos membros individuais da equipe; b) discutir questões estratégicas com a Alta Direção do auditado para determinar se ela considerou essas questões ao avaliar seus riscos e oportunidades; c) desenvolver e manter um relacionamento de trabalho sólido com os membros da equipe de auditoria; d) administrar o processo de auditoria, incluindo: gerenciar a incerteza de que os objetivos da auditoria serão alcançados; proteger a saúde e a segurança dos membros da equipe de auditoria durante o processo, incluindo garantir que os auditores cumpram os procedimentos pertinentes de saúde e segurança; orientar os membros da equipe de auditoria; fornecer orientação e direção aos auditores durante o treinamento; e lidar com conflitos e problemas que possam surgir; e) defender a equipe de auditoria nas comunicações com o responsável pelo programa de auditoria, o cliente de auditoria e o auditado; f) orientar a equipe de auditoria para atingir as conclusões de auditoria; g) preparar e concluir o relatório de auditoria.

Ao auditar sistemas de gestão de várias disciplinas, o membro da equipe deve saber como os sistemas funcionam juntos.

Os líderes da equipe de auditoria devem entender os requisitos dos padrões de sistema de gestão que estão sendo auditados e entender suas limitações em cada norma.

Nota – ABNT NBR ISO 19011 (2018, p. 38): "Auditorias de múltiplas disciplinas feitas simultaneamente podem ser feitas como uma auditoria combinada ou como uma auditoria de sistema de gestão integrada que abranja múltiplas disciplinas".

Uma combinação dos seguintes itens a seguir pode ajudar um auditor a se tornar um bom profissional da área: a) resultados de programas de treinamento que fornecem conhecimento e habilidades comuns de auditor; b) experiência em funções profissionais, técnicas ou gerenciais pertinentes, como julgamento, tomada de decisão, solução de problemas e comunicação com gerentes, profissionais, colegas, clientes e outras partes interessadas pertinentes; c) educação, treinamento e experiência em uma disciplina ou setor específico do sistema de gestão, que promovam o desenvolvimento de competência global; d) experiência de auditoria feita sob supervisão de um auditor competente na mesma disciplina/norma.

Nota – ABNT NBR ISO 19011 (2018, p. 3): "A conclusão com sucesso de um curso de treinamento dependerá do tipo do curso. Para cursos com componente de exame, isso pode significar ser aprovado no exame. Para outros cursos, isso pode significar participar do curso e concluí-lo".

Um líder da equipe de auditoria deve ter adquirido experiência adicional em auditoria para desenvolver essas habilidades. Esta experiência adicional deve ter sido adquirida sob a supervisão e a orientação de um líder de equipe de auditoria diferente.

Estabelecendo os critérios de avaliação de auditor

Os critérios devem ser qualitativos como comportamento, conhecimento ou desempenho de habilidades desejáveis, demonstrados em treinamento ou no local de trabalho, e quantitativos como anos de educação e experiência no trabalho, número de auditorias realizadas e horas de treinamento em auditorias.

Selecionando o método apropriado de avaliação de auditor

Convém que a avaliação seja realizada com pelo menos dois métodos apresentados no Quadro 5, descritos a seguir: a) Os métodos apresentados representam uma variedade de opções e podem não ser aplicáveis em todas as situações; b) A confiabilidade dos métodos apresentados pode variar; e c) Um conjunto de métodos deve ser usado para garantir um resultado objetivo, coerente, justo e confiável.

Quadro 5 - Métodos de avaliação de auditores

Métodos de avaliação	Objetivos	Exemplos
Análise crítica dos registros	Verificar a formação profissional do auditor	Análise de registros de educação, treinamento, emprego, credenciais profissionais e experiência em auditar
Realimentação	Fornecer informação sobre como o desempenho do auditor é percebido	Pesquisas, questionários, referências pessoais, testemunhos, reclamações, avaliação de desempenho, análise crítica por pares
Entrevista	Avaliar o comportamento profissional e a habilidade de comunicação desejados para verificar informação e testar conhecimento e para adquirir informação adicional	Entrevista pessoal
Observação	Avaliar o comportamento profissional desejado e a capacidade para aplicar conhecimento e habilidades	Desempenho de funções, auditorias de testemunho e desempenho no trabalho
Teste	Avaliar o comportamento e conhecimento e habilidades desejados e sua aplicação	Exames orais e escritos, testes psicométricos
Análise crítica pós-auditoria	Fornecer informações sobre o desempenho do auditor durante as atividades de auditoria, identificar forças e oportunidades para melhoria	Análise crítica do relatório de auditoria, entrevistas com o líder da equipe de auditoria e com a equipe de auditoria e, se apropriado, *feedback* do auditado

Fonte: ABNT NBR ISO 19011 (2018, p. 40).

Conduzindo a avaliação de auditor

A informação coletada sobre o auditor durante a avaliação deve ser analisada em relação aos padrões definidos. Quando um auditor em avaliação não cumpre os requisitos para participar do programa de auditoria, ele deve receber treinamento, trabalho ou experiência em auditoria adicional e ser avaliado novamente.

Mantendo e melhorando a competência do auditor

Os auditores e líderes da equipe de auditoria devem melhorar continuamente. Os auditores devem manter suas habilidades de auditoria por meio de desenvolvimento profissional contínuo e participação em auditorias de sistemas de gestão. Isso pode ser feito por meio de experiência extra no trabalho, treinamento, educação privada, participação em seminários e conferências ou outras atividades relevantes.

Aqueles responsáveis pelo programa de auditoria devem criar métodos adequados para a avaliação contínua do desempenho dos auditores e líderes da equipe.

O desenvolvimento profissional contínuo deve levar em consideração o seguinte: a) mudanças nos requisitos da organização e dos indivíduos responsáveis pela condução da auditoria; b) mudanças na tecnologia e nas práticas de auditoria; c) mudanças nas normas pertinentes, como documentos de orientação e apoio; e d) mudanças no setor ou disciplina.

A NBR ISO 19011 fornece um conjunto de anexos que auxiliam na aplicação de métodos de auditoria, amostragem, auditoria de *compliance* em um sistema de gestão e outros, assim, aos leitores recomendo uma leitura da norma em sua íntegra.

Considerações Finais

Um sistema de gestão integrado (SGI) é uma ferramenta que visa unificar e otimizar vários sistemas de gestão existentes em uma organização. Esses sistemas incluem sistemas de gestão da qualidade, ambiental, de saúde e segurança ocupacional, entre outros. O objetivo é melhorar o desempenho, reduzir custos, aumentar a produtividade, melhorar processos, reduzir riscos e facilitar o cumprimento dos requisitos legais e regulatórios, bem como atender às necessidades e expectativas das partes interessadas.

Algumas considerações finais sobre um sistema de gestão integrado são:

- Um SGI é uma solução que organiza, monitora e controla os processos internos da organização de forma eficaz.
- Um SGI permite que todos os interessados tenham acesso aos dados lançados, evitando assim a duplicação e o retrabalho.
- Um SGI ajuda a padronizar os procedimentos, reduzindo as chances de erros e não conformidades, garantindo que todos sejam feitos da mesma maneira e seguindo as mesmas normas e critérios.
- Um SGI dá mais segurança para a organização, pois protege as informações inseridas nele e permite rastrear as atividades realizadas e quem é responsável por elas.
- Ao medir e avaliar o desempenho dos sistemas de gestão e identificar oportunidades de melhoria contínua, os SGI ajudam a integrar os sistemas de gestão com os objetivos estratégicos da organização.
- Um planejamento adequado é necessário para a implantação e utilização de um SGI. Este planejamento inclui definir os escopos, padrões, métodos e recursos dos sistemas de gestão integrados e capacitar os colaboradores envolvidos nos processos integrados.
- Para que um SGI seja eficaz e lucrativo, a alta direção e os colaboradores da organização devem se comprometer.

- Um SGI destaca a cultura de aprimoramento constante que a organização criou, incentivando todos os funcionários a fornecerem ideias e sugestões para melhorar o sistema.
- A implementação do SGI geralmente requer comunicação clara e eficaz em todos os níveis da organização. Enfatiza que a comunicação e o compartilhamento de conhecimento são essenciais para manter o sistema funcionando corretamente.

REFERÊNCIAS

ABNT NBR ISO 9000:2015. **Sistema de gestão da qualidade**: Fundamentos e vocabulário. ABNT, Rio de Janeiro, 2015.

ABNT NBR ISO 9001:2015. **Sistema de gestão da qualidade**: Requisitos. ABNT, Rio de Janeiro, 2015.

ABNT NBR ISO 14001:2015. **Sistema de gesto ambiental**: Requisitos com orientação para o uso. Rio de Janeiro, 2015.

ABNT NBR ISO 19011:2018. **Diretrizes para auditoria de sistemas de gestão**: Requisitos com orientação para o uso. Rio de Janeiro, 2018.

ABNT NBR ISO 9004:2019. **Qualidade de uma organização**: Orientação para alcançar o sucesso sustentado.

ABNT, NBR ISO 31000. **Gestão de riscos**: Diretrizes. Rio de Janeiro, 2018.

ABNT, NBR ISO 45001. **Sistema de gestão de saúde e segurança ocupacional.** Requisitos com orientação para uso: Diretrizes. Rio de Janeiro, 2018.

AGÊNCIA BRASIL. **Brasil registra mais de 612 mil acidentes de trabalho em 2022.** Disponível em: https://agenciabrasil.ebc.com.br/

geral/noticia/2023-03/brasil-registra-mais-de-612-mil-acidentes-de-tra-balho-em-2022. Acesso em: 14 jul. 2023.

FALCONI, Vicente. TQC: **Controle da Qualidade Total**: no Estilo Japonês. Nova Lima, MG: Falconi, 2004.

GARG, A. K. **Correspondence between standards**: ISO 9001:2015, ISO 14001:2015, ISO 45001:2018, OHSAS 18001:2007. Disponível em: https://www.academia.edu/38361180/Correspondence_between_ISO_9001_2015_ISO_14001_2015_ISO_45001_2018_OHSAS_18001_2007. Acesso em: 17 jul. 2023.

ISO. **ISO Survey of certifications to management system standards**: Full results. Disponível em: https://www.iso.org/commit-tee/54998.html?t=KomURwikWDLiuB1P1c7SjLMLEAgXOA7emZH KGWyn8f3KQUTU3m287NxnpA3DIuxm&view=documents#sec-tion-isodocuments-top. Acesso em: 01 jun. 2023.

JR, Chronos. **O ciclo PDCA,** 2021. Disponível em: https://chronosjr.com.br/blog/ciclo_pdca/. Acesso em: 09 jul. 2023.

MARSHAL JUNIOR, Isnard *et al*. **Gestão da Qualidade**. 10. ed. Rio de Janeiro: FGV, 2010.

MINISTÉRIO DA PREVIDÊNCIA SOCIAL (MPS). **Acidentes de trabalho caem 25,6% no Brasil em 10 anos**. Disponível em: https://www.gov.br/previdencia/pt-br/noticias-e-conteudos/2023/maio/aci-dentes-de-trabalho-caem-25-6-no-brasil-em-10-anos. Acesso em: 14 jul. 2023.

NAÇÕES UNIDAS BRASIL. **Os Objetivos de Desenvolvimento Sustentável no Brasil**. Disponível em: https://brasil.un.org/pt-br/91863-agenda-2030-para-o-desenvolvimento-sustentável. Acesso em: 15 jul. 2023.

PAIM, Rafael *et al*. **Gestão de processos**: pensar, agir e apreender. Porto Alegre: Bookman, 2009.

TRIBUNAL SUPERIOR DO TRABALHO (TST). **Acidentes de trabalho no mundo**. Disponível em: https://www.tst.jus.br/web/trabalhoseguro/acidentes-de-trabalho-no mundo#:~:text=Segundo%20a%20Organização%20Internacional%20do,de%20acidentes%20relacionados%20ao%20trabalho. Acesso em: 14 jul. 2023.